CÓMO RECUPERAR LO PERDIDO

CÓMO RECUPERAR LO PERDIDO

Persíguelo, alcánzalo y arrebátalo

Otoniel Font

WHITAKER
HOUSE
Español

Edición: Ofelia Pérez

Cómo recuperar lo perdido
Persíguelo, alcánzalo y arrebátalo
ISBN: 978-162-911-754-6
eBook ISBN: 978-162-911-755-3
Impreso en los Estados Unidos de América
© 2016 por Otoniel Font

Whitaker House
1030 Hunt Valley Circle
New Kensington, PA 15068
www.whitakerhouseespanol.com

Por favor, envíe sugerencias sobre este libro a: comentarios@whitakerhouse.com.

DEDICATORIA

A mi esposa, Omayra, la extraordinaria mujer que Dios me regaló. Estas líneas son pocas para expresarte mi amor, y todo lo que has sido y eres para mí. Hemos crecido juntos de muchas maneras. Nos unen un amor maduro, completo, las adversidades que hemos vencido juntos, y las alegrías compartidas. Has sido y eres mi fuerza cuando la he necesitado, y mi paz en mis momentos de ansiedad. Admiro tu fe, tu fortaleza, tu sabiduría, y la habilidad con que te haces cargo de tantas cosas en mi vida y en las de nuestras cuatro hijas. Te amo en todos mis momentos y en los tuyos. Cuando Dios creó la ayuda idónea, estaba pensando en ti.

¡Gracias, mi amor, por el hermoso hogar y la vida tan plena que hemos construido juntos!

CONTENIDO

INTRODUCCIÓN

Todos los seres humanos estamos expuestos a enfrentar adversidades. Ser creyentes no nos exime de eso, pero tenemos la promesa de Dios de que al final, la victoria es nuestra. Sin embargo, mientras las atravesamos, con frecuencia olvidamos quiénes somos en Cristo. Nuestras reacciones humanas pueden entorpecer la manifestación de la victoria, y hasta empeorar nuestra situación. Cuando termina la crisis, seguimos lamentando lo perdido, sin entender que tenemos que luchar por lo nuestro, y podemos recuperar con recompensa lo que creímos perdido.

En este libro, pretendo recordarte quién eres, y desafiarte a que te levantes de donde estás, y empieces de nuevo para que recibas todo lo que Dios tiene para ti. De la misma manera que Dios le aseguró a David, persíguelos, alcánzalos y arrebata lo que es tuyo, te lo dice a ti hoy con la misma firmeza y la misma convicción del Dios que es el mismo ayer, hoy y siempre.

Primero, aprende a manejar la adversidad. Segundo, lleva tu relación con Dios a niveles más altos. Tercero, recupera lo que te robaron.

Tú puedes enfrentar tu adversidad, conquistar la crisis, y recuperar multiplicado todo lo que has perdido. ¡Prepárate para lo mejor!

1

LA ADVERSIDAD EXPONE LO MEJOR DE TI

Tenacidad es la cualidad que nos ayuda a enfrentar la adversidad, esos momentos difíciles que son parte de la realidad de la vida. Es necesario que todos, especialmente los cristianos, nos enfoquemos y manejemos las adversidades con sabiduría para que las superemos, crezcamos en medio de ellas, y las convirtamos en una bendición. ¿Cómo?

Te invito a leer conmigo Proverbios 24:16:

> *Porque siete veces cae el justo, y vuelve a levantarse;*
> *Mas los impíos caerán en el mal.*

Tanto los justos como los impíos caen. La diferencia está en que el impío cae y no sabemos si se levanta, pero el justo puede caer siete veces, y siete veces Dios lo levanta. El hecho de vivir en la justicia de Dios no nos exime de los problemas, de las dificultades ni de las caídas. La diferencia es que aquellos que vivimos en la justicia de Dios, en el momento que caemos, somos capaces de levantarnos.

La Palabra del Señor lo dice en el Salmo 37: 23-25, en unos de mis versículos favoritos:

> *Por Jehová son ordenados los pasos del justo, y él aprueba su camino. Cuando el hombre cayere, no quedará postrado, porque Jehová sostiene su mano. Joven fui, y he envejecido, y nunca he visto justo desamparado, ni su descendencia que mendigue pan.*

Mira bien lo que dice: Dios es quien nos sostiene de Su mano. Ahora veamos cómo lo expresa el sabio Salomón en el libro de Eclesiastés 7:14:

> *En el día del bien goza del bien; y en el día de la adversidad considera. Dios hizo tanto lo uno como lo otro, a fin de que el hombre nada halle después de él.*

En el día que las cosas van bien, goza del bien; pero en el día de la adversidad, no te frustres, no mires hacia atrás, no te detengas. En el día de la adversidad, lo que tienes que hacer es considerar. Piensa: ¿Qué hay detrás de este problema? ¿Cuál es la razón por la que estoy atravesando esta situación? ¿Qué es lo que tengo que aprender? ¿Qué es lo que tengo que ver?

> El día de la adversidad, no te frustres, no mires hacia atrás, no te detengas.

Volvamos a leer la última parte de ese verso:

Dios hizo tanto lo uno como lo otro, a fin de que el hombre nada halle después de él.

Dios hace todos los días; pero hay días en que viene la adversidad, y días en que llega el bien. Todo lo que Dios quiere es que después de cada día, tú lo encuentres. Detrás del día de gozo, Dios quiere que tú lo encuentres; detrás del día de la adversidad, también encuéntrate con Él. No importa lo que experimentes en tu vida, la meta debe ser encontrarlo a Él en todo momento.

Lamentablemente hay personas que viven fuera de la realidad espiritual, y de lo que es la verdad de la Palabra del Señor. Cuando Dios te ha llevado a disfrutar unos privilegios, tiendes a olvidar lo que pasabas cuando estabas en otro nivel. Incluso superas un sinnúmero de situaciones, Dios te ha bendecido, Dios te ha prosperado, y piensas que todo está bien y no tienes problemas. No te das cuenta de que la razón por la que estás ahí es porque ha sido Dios quien te ha llevado al otro lado.

Nunca debes olvidar de dónde Dios te sacó, y mucho menos dejar de orar. Tienes que saber que en algún momento dado, la misma vida te hará reflexionar sobre el privilegio que tienes, y cómo llegaste a ese lugar. Vives involucrado en tus ilusiones, sin entender que en algún momento enfrentarás problemas, y verás la fragilidad de nuestra humanidad, que necesita el poder de Dios para volver a levantarte. La adversidad nos atrapa en el momento más inesperado. Mira cómo lo dice 2 Corintios 4:7; observa la fragilidad de la humanidad:

Pero tenemos este tesoro en vasos de barro, para que la excelencia del poder sea de Dios, y no de nosotros.

Si fueras a guardar un tesoro, seguramente no escogerías una vasija de barro. ¿Por qué? Por la fragilidad de la vasija de barro. Tal vez lo pondrías en una caja de seguridad, en algún sitio que sea fuerte y difícil de acceder. Sin embargo, el tesoro más grande Dios lo puso en vasijas de barro, demostrando la fragilidad de la humanidad, y la necesidad que tenemos de Él.

> El tesoro más grande Dios lo puso en vasijas de barro.

Nuestra vida es frágil. Hoy vamos por un camino, y mañana podemos ir en otra dirección. Las circunstancias de la vida pueden hacer que cambiemos en unos instantes. Leamos lo que dice la Palabra en 2 Corintios 4:8-9:

> *...que estamos atribulados en todo, mas no angustiados; en apuros, mas no desesperados; perseguidos, mas no desamparados; derribados, pero no destruidos;*

Definitivamente hay momentos cuando nos vamos a enfrentar a la adversidad y a la fragilidad humana. Hay momentos en que vamos a pasar por momentos difíciles, y vamos a ver nuestras debilidades. Cuando esos momentos llegan, magnifican nuestras debilidades, nuestras tristezas, nuestros corajes, y aquellas cosas que no sabíamos que estaban dentro de nosotros. A veces son tantas las dificultades, que ya no aguantas más la presión. Tú que eras fuerte, tú que tratabas de ser firme, de seguir hacia adelante y ser la fortaleza de los demás, llega el momento cuando te derrumbas porque la vida te demuestra tu fragilidad. Lo que a veces olvidamos, o simplemente no nos damos cuenta, es de la capacidad que hay en el espíritu de cada uno de nosotros.

Quizás, como algunos, has sido quebrantado por la adversidad. Tal vez las peores circunstancias de la vida han sacado lo mejor y lo más fuerte de ti. Puede que la adversidad te haya enfrentado al hecho de que la vida es frágil, cambiante y dura. Pero con lo que a veces no cuentas es con la capacidad del Espíritu en ti. No es hasta que pasamos por un momento de adversidad o dificultad, que nos damos cuenta de lo que somos capaces de hacer. Es en ese momento que la fragilidad del vaso donde Dios depositó su tesoro manifiesta Su poder, y te ves, no solo frente a tu fragilidad, sino a una capacidad que no sabías que tenías.

> La adversidad te enfrenta con tu fragilidad, pero también con un poder que no sabías que llevabas dentro.

La adversidad te enfrenta con tu fragilidad, pero también con un poder que no sabías que llevabas dentro.

Aunque la adversidad logre estremecerte, nunca podrás conocer tu máximo potencial mientras estés viviendo buenos tiempos. El día que tengas que enfrentar las dificultades más grandes es cuando te darás cuenta de que eres capaz de hacer lo que tú creías que no podías hacer. Entonces vas a reconocer el poder que hay en tu interior, en tu espíritu. Entonces te vas a dar cuenta de la fortaleza que hay dentro de ti, y de lo que puedes hacer gracias a Él, y para la gloria del Dios Todopoderoso.

Si al momento que lees este libro, estás viviendo un momento donde la vida te ha enfrentado a la fragilidad de tu humanidad, Dios quiere demostrarte el poder que hay en el espíritu que está dentro de ti. Su poder en ti se va a levantar como un gigante fuerte y poderoso, y vas a ser capaz de hacer cosas que nunca antes pensaste que ibas a poder hacer. De la situación que estás viviendo, Dios te va a levantar y cuando salgas, no serás la misma persona; no serás una vasija quebrantada. Serás una persona que vivirá para la gloria de Dios porque desde ese día aprenderás a caminar, no en el poder de tu humanidad, sino en el poder de la fuerza del Dios Todopoderoso.

> Di a ti mismo: "Lo que estoy pasando va a sacar lo mejor de mí".

Habrá un momento cuando despiertes. La adversidad te ha hecho ver lo frágil y lo duro de la vida; te ha hecho ver cómo las cosas pueden cambiar en un instante. Dale tiempo a que la adversidad te demuestre lo grande que hay dentro de ti. Después de tanto luchar por sobrevivir, lo único que te mereces es vivir. Quizás los momentos que has tenido te han hecho ver que las cosas que creías estables a tu alrededor, ya no lo son. Esos momentos también van a sacar lo mejor de ti. Y después de haber luchado tanto en tu vida, lo mejor que tú puedes decidir es tener una vida completa de éxito, de poder y de victoria.

Di a ti mismo: "Lo que estoy pasando va a sacar lo mejor de mí".

Si piensas en lo difícil que puede ser la vida, ve al capítulo 11 de la segunda carta a los Corintios y mira todo lo que Pablo atravesó. Lee lo que dicen los versos 16-24:

> *Otra vez digo: Que nadie me tenga por loco; o de otra manera, recibidme como a loco, para que yo también me gloríe un poquito. Lo que hablo, no lo hablo según el Señor, sino como en locura, con esta confianza de*

gloriarme. Puesto que muchos se glorían según la carne, también yo me gloriaré; porque de buena gana toleráis a los necios, siendo vosotros cuerdos. Pues toleráis si alguno os esclaviza, si alguno os devora, si alguno toma lo vuestro, si alguno se enaltece, si alguno os da de bofetadas. Para vergüenza mía lo digo, para eso fuimos demasiado débiles. Pero en lo que otro tenga osadía (hablo con locura), también yo tengo osadía. ¿Son hebreos? Yo también. ¿Son israelitas? Yo también. ¿Son descendientes de Abraham? También yo. ¿Son ministros de Cristo? (Como si estuviera loco hablo.) Yo más; en trabajos más abundante; en azotes sin número; en cárceles más; en peligros de muerte muchas veces. De los judíos cinco veces he recibido cuarenta azotes menos uno.

¿Cuántas veces azotaron a Jesús, 39 veces? Una. ¿Cuántas veces recibió Pablo 39 azotes? Cinco.

Continuemos leyendo en el verso 25 hasta el 30:

Tres veces he sido azotado con varas; una vez apedreado; tres veces he padecido naufragio; una noche y un día he estado como náufrago en alta mar; en caminos muchas veces; en peligros de ríos, peligros de ladrones, peligros de los de mi nación, peligros de los gentiles, peligros en la ciudad, peligros en el desierto, peligros en el mar, peligros entre falsos hermanos; en trabajo y fatiga, en muchos desvelos, en hambre y sed, en muchos ayunos, en frío y en desnudez; y además de otras cosas, lo que sobre mí se agolpa cada día, la preocupación por todas las iglesias. ¿Quién enferma, y yo no enfermo? ¿A quién

*se le hace tropezar, y yo no me indigno? Si es necesario
gloriarse, me gloriaré en lo que es de mi debilidad.*

Si alguien había aprendido a vivir a pesar de la adversidad, de los
azotes, de los problemas y de las dificultades era el apóstol Pablo.
Él decía: Si de algo me voy a gloriar es de mi debilidad. Porque
en el momento en que se muestra mi humanidad, es el momento
cuando se muestra el poder de Dios (2 Corintios 12:9 RVR 1960,
parafraseado por el autor).

Todos en esta vida atravesamos dificultades. Tal vez hayas sido
azotado una vez y hayas naufragado en otra ocasión. Lo importante es que en medio de cada adversidad y de frente a tu debilidad,
tomes la decisión de creer en el poder de la fortaleza del Dios que está dentro de ti. Él se hace fuerte en tu debilidad, y es Él quien te va a llevar hasta alcanzar el destino que te ha prometido.

> Él se hace fuerte en tu debilidad.

Probablemente, la adversidad que tú has estado viviendo te ha entristecido, frustrado y hasta enojado. Sin embargo, esa misma adversidad que estás viviendo le va a demostrar al mundo lo grande
que hay dentro de ti. Tú no puedes permitir que el problema que
estás atravesando solo demuestre tu humanidad. Si el problema
que tienes hoy solo muestra tu humanidad, has perdido en realidad todo lo que Dios quiere hacer contigo. La vida es frágil, pero
el poder que está dentro de ti es más grande de lo que tú jamás has
pensado.

2

CÓMO ENFRENTAR LA ADVERSIDAD

Quiero llevarte a lo que yo le llamo "una experiencia en el Getsemaní". Voy a comenzar a darte unas claves de cómo enfrentar la adversidad.

No PUEDES ORAR PARA LIBRARTE DE LA ADVERSIDAD

Leamos en el libro de Lucas, capítulo 22. En el verso 39 dice:

> *Y saliendo, se fue, como solía, al monte de los Olivos; y sus discípulos también le siguieron.*

Era costumbre del Maestro ir al huerto de los olivos, Getsemaní. En ese momento final, no era la primera vez que iba allí. Él iba a Getsemaní a orar. La palabra "Getsemaní" en el idioma original significa "la prensa", referente a la prensa donde se exprimía el olivo para extraer el aceite. Era una roca que se ponía sobre otra roca y comenzaba a dar vueltas, exprimiendo el olivo o la aceituna, como algunos mejor le conocen.

El aceite es tipo de la unción. Hay personas que quieren unción sin pasar por el Getsemaní. Quieren grandes éxitos, están ilusionados en la vida y oran por cosas mayores, sin darse cuenta de que no hay forma de alcanzar niveles más altos si no se pasa por Getsemaní. No hay tal cosa como orar por grandeza en tu vida. Lo correcto es orar para que Él te sostenga en el momento de tu Getsemaní, y puedas permanecer hasta que se manifieste la grandeza que está dentro de ti.

> No hay forma de alcanzar niveles más altos si no se pasa por Getsemaní.

Con frecuencia las personas no entienden las realidades de la vida. Los adolescentes lo ven todo bien, mientras viven en la casa de sus padres y no trabajan. Para ellos todo está cubierto, están cuidados y guardados. No es hasta que salen a la calle a trabajar y a comprarse lo suyo, que se dan cuenta de que la vida no es tan fácil como creían.

Igual ocurre en las iglesias. Hay feligreses que se quejan del diezmo y la ofrenda sin saber lo que cuesta celebrar cada servicio. Las iglesias, en su mayoría, tienen que pagar empleados, renta y utilidades, entre otros gastos. Además de eso el ministerio de adoración y alabanza tiene que ensayar, y prepararse durante horas para los días de culto. El pastor tiene que prepararse durante horas y a veces días, estudiando, orando y meditando la Palabra que predicará. Tal vez mientras tú estás de fiesta, en el cine o descansando, tu pastor esta preparándose para alimentarte con Palabra el día siguiente. En resumen, tú no puedes ir al lugar que Dios tiene para tu vida si no eres capaz de pasar por el Getsemaní. Y esto no es algo que hay que hacer una vez. Es algo que hay que hacer una y otra vez.

Por eso, lo mejor que te ha ocurrido a ti no son los días buenos, sino la adversidad que te ha llegado. Esa adversidad está sacando algo de tu interior que los días buenos no habían podido sacar. Cuando tú cruces al otro lado, verás en ti a alguien totalmente diferente, cambiado y transformado por el poder de Dios que actúa en medio de la adversidad y te da la victoria.

Ven conmigo a Marcos 14:32-33:

> *Vinieron, pues, a un lugar que se llama Getsemaní, y dijo a sus discípulos: Sentaos aquí, entre tanto que yo oro. Y tomó consigo a Pedro, a Jacobo y a Juan, y comenzó a entristecerse y a angustiarse.*

Fíjate que allí solo había tres discípulos. Date cuenta de que al Getsemaní no van todos los que te siguen el día de tu gloria, ni la multitud que necesita de ti. Tampoco van aquellos que has ayudado económicamente, que has cuidado, y que hasta has alimentado. No van los que te elogian y celebran. A ese lugar, donde serás prensado y apretado, te acompañan muy pocos. Y aunque veas que el camino al Getsemaní se vuelve cada vez más solitario, no olvides que será el lugar que va a sacar lo mejor de ti.

> A ese lugar, donde serás prensado y apretado, te acompañan muy pocos.

Mira lo que continúa diciendo en los versos 34 y 35:

> *Y les dijo: Mi alma está muy triste, hasta la muerte;*
> *quedaos aquí y velad. Yéndose un poco adelante, se*
> *postró en tierra, y oró que si fuese posible, pasase de él*
> *aquella hora.*

Jesús oró que si *"fuese posible"*. Yo me lo imagino diciendo: Padre, sácame de aquí, sácame de este problema. ¡Cuántas personas, la única oración que hacen es: "Señor, sácame del problema"! Se nos ha enseñado a orar única y exclusivamente para que Dios nos libere de los problemas. Una persona que ora para que Dios la libere de los problemas es porque su alma está agobiada. Lo curioso es que muchas veces el Señor no contesta esa oración, y es la única oración que muchas personas saben hacer.

Sigue conmigo en el verso 36:

> *Y decía: Abba, Padre, todas las cosas son posibles para*
> *ti; aparta de mí esta copa; mas no lo que yo quiero, sino*
> *lo que tú.*

"Todas las cosas son posibles" no es una mala oración, pero no es la oración del momento.

> *Vino luego y los halló durmiendo; y dijo a Pedro: Si-*
> *món, ¿duermes? ¿No has podido velar una hora?*
> (v. 37).

¿Ha llegado algún momento en tu vida cuando no encuentras apoyo en nadie? Cuando Cristo estaba en ese momento tan difícil y tan duro de su vida, no encontró apoyo en aquellos que se supone que estuvieran con Él hasta el último momento.

Velad y orad, para que no entréis en tentación; el es-
píritu a la verdad está dispuesto, pero la carne es dé-
bil. Otra vez fue y oró, diciendo las mismas palabras
(vs. 38 y 39).

En estas escrituras, Jesús estaba en el punto más importante de su
vida, cuando se iba a cumplir la promesa de Dios sobre Él: la profecía. La Palabra que Dios había dado miles de años atrás estaba ya
a punto de salir a la luz, y esa presión estaba dentro de Él. Jesús estaba siendo presionado por todas partes. Mira cómo sigue diciendo
en los versos 40 y 41:

Al volver, otra vez los halló durmiendo, porque los ojos
de ellos estaban cargados de sueño; y no sabían qué res-
ponderle. Vino la tercera vez, y les dijo: Dormid ya, y
descansad. Basta, la hora ha venido; he aquí, el Hijo
del Hombre es entregado en manos de los pecadores.

Ese es Jesús. ¿Cuándo viste en la Biblia que Dios no le contestó una
oración a Jesús? Jesús pidió que los panes y los peces se multiplica-
ran; se multiplicaron. No hubo un enfermo que Él declarara sano,
que no se hubiera sanado. No hubo un muerto que Él dijera que
resucitara, que no hubiera resucitado. El primer milagro que hizo
fue un milagro de lujo: cambiar
agua en vino. Lo único que hizo
Jesús fue hacer posible que la
fiesta continuara, y que el dueño
no pasara una vergüenza. Fue
un milagro para no causar una
vergüenza.

> La oración que tienes
> que hacer es para
> prepararte a enfrentar
> la dificultad.

Jesús oró por muchas cosas, y cada vez que oró, Dios le contestó. En esta ocasión oró tres veces, y tuvo que resignarse a la respuesta. La respuesta fue, como podemos sustraer de las lecturas: No. De esta no te libras ni con adoración, ni con oración; esta tienes que enfrentarla. Y la oración que tienes que hacer es para prepararte a enfrentar la dificultad.

Yo veo personas que han cambiado el poder de la oración por la adoración. Lo que tenemos en la iglesia es muchas personas entretenidas que piensan que cantando se van a ir los problemas, sin darse cuenta de que hay un momento donde tú tienes que enfrentar la vida, y no hay manera de enfrentarla cantando.

Los tres niveles de oración

Esta es la primera vez que vemos que a Jesús no se le responde una oración. Él sabía lo que le iba a pasar. Él había nacido sabiendo lo que le iba a pasar. Desde niñito le dijeron lo que iba a pasar. Algún día Él tendría que ir a la cruz. Aún sabiendo eso, que iba a pasar al otro lado y a resucitar al tercer día, se angustió. Nadie quiere caer en una tumba ni por un minuto. Nadie quiere pasar por un momento de oscuridad. El mismo Señor está orando: "Padre, pasa de mí esta copa". Observa el proceso de la oración, de tres etapas. Aquella oración lo llevó a tres niveles en Su vida, donde Él pudo comprender lo que sucedía.

Volvamos al verso 36:

> Y decía: Abba, Padre, todas las cosas son posibles para ti; aparta de mí esta copa; mas no lo que yo quiero, sino lo que tú.

Ya Su alma comenzó a aceptar. Aquí la oración más grande no se trata de lo que tú quieres. La oración más grande es: Señor, es lo que Tú quieras. ¿Señor, qué es lo que Tú quieres en medio de esta situación? ¿Qué es lo que Tú quieres hacer en medio de esta dificultad?

Fue fácil para Jesús decirles a sus discípulos que la enfermedad de Lázaro no era de muerte (Véase Juan 11:4). Es fácil predicarle a otro, pero predicarte a ti mismo no es tan fácil. Es fácil decirle a otro: "Tranquilo, que de esa te vas a levantar", "Tranquilo, que vas a echar hacia adelante", "Tranquilo, que vas a prosperar". Decírtelo a ti mismo es diferente. Siempre los problemas de otro se ven bien fáciles. Siempre cuando es otro el que está en la tumba es más fácil. Cuando le dijeron a Cristo que su amigo Lázaro estaba grave, Él no se ajoró, sino al contrario, tardó cuatro días en llegar. Sin embargo, Cristo luchó por escaparse de su destino. Ahí te demuestra la fragilidad de la humanidad que había dentro de Él. Pero comenzó a hablarle a su mente y a decir: Señor, no es mi voluntad, es Tu voluntad.

Luego, en el segundo nivel de oración, le dijo a Dios: *"El espíritu está dispuesto, pero la carne es débil".* Jesús volvió a orar, no tan solo para someter Su alma, sino para someter Su carne porque Su carne quería hacer todo lo contrario a lo que estaba llamado a hacer. Cuando tú llegas a ese nivel de oración, ya no es tan solo tu mente la que está ansiosa. Ahora son tus acciones; quieres irte para otro lugar y salir corriendo. Entonces llegas al tercer nivel de oración: el que te ayuda a enfrentar lo que ocurra. Leamos en el verso 42 lo que pasó en el último momento de esa oración:

Levantaos, vamos; he aquí, se acerca el que me entrega.

ENFRENTA LA DIFICULTAD

Tiene que haber un momento cuando la oración te lleve a levantarte, y a enfrentar las cosas de las que no te puedes escapar; ese el tercer nivel de oración. Lo importante es saber que Dios no te deja solo. Él ha prometido estar contigo en ese valle, y Él va a manifestar su gloria.

Hay cosas dentro de ti, adversidades que van a llegar, problemas y dificultades por los que tú puedes estar orando, de los que no te vas a librar orando. Puedes declarar que se van a ir, pero no se van a resolver hasta que te pares firme, enfrentes la situación y digas: "Me voy a levantar de aquí, no para salir corriendo. Voy a salir para enfrentarme a aquel que me va a entregar, a aquel que me va a hacer pasar por el problema. Voy a ir y voy a hacer lo que tengo que hacer porque voy a poner mi vida en las manos del Dios Todopoderoso y al otro lado, sé que Él me va a dar la victoria".

Tú no has visto nada de lo que tú eres y de lo que Dios puede hacer contigo, hasta que seas capaz de levantarte y decir: "Voy a ir a enfrentarme con lo que me tengo que enfrentar, y voy a dejar que Dios saque de mi interior lo más grande que Él puede sacar para Su gloria y para Su honra". Hay personas que no saben las habilidades y los talentos que tienen. Desconocen la tenacidad y el poder que hay dentro de ellos.

A veces no hay respuesta para tu oración. Es mejor decir: "Oro para levantarme e ir a enfrentar lo que Dios dijo que tengo que enfrentar". No trates de usar la oración simplemente para acomodar tu vida. La oración y todo lo que hacemos delante de Dios es para prepararnos, y poder enfrentar el momento difícil, el momento del trauma, el momento del dolor, sabiendo que al otro lado, Dios nos va a dar la victoria.

Hay personas que sienten que no pueden más, que no resisten más. Se preguntan qué más van a aguantar, qué más van a so-

> Camina hacia aquello que tienes que enfrentar porque Dios te va a dar la victoria.

portar. Vete al Getsemaní y dile a tu mente: "Tranquila, hay que pasar esto". Dile a tu carne: "Sométete a lo que el Espíritu va a hacer porque hay que pasar por esto". Levántate del lugar donde estás, y camina hacia aquello que tienes que enfrentar porque Dios te va a dar la victoria.

Tal vez piensas que la oración es orar para que Dios te saque de los problemas. Las personas piensan que servirle a Dios y venir a la iglesia es una garantía para salir de los problemas. No se dan cuenta de que aunque para Dios es posible, para ti no es posible escaparte de los problemas. No es hasta que tú los enfrentes y los controles, que podrás ver lo más grande que hay dentro de ti.

Hay personas que han conocido lo peor de ellos: locura, ataques de pánico, presiones de todas partes. Piensa en Cristo en el Getsemaní. Estaba presionado por Su carne, por Sus pensamientos, por Dios, por el infierno, todo a Su alrededor. En medio de Su fragilidad humana se levantó, pensando: Me voy a enfrentar porque Dios me va a dar la victoria.

Se acabó estar quejándote de que nadie te entiende o de que no hay nadie que ore contigo. Nadie va a pasar el problema contigo, excepto Dios. Eso te toca pasarlo a ti solo, con Su ayuda y Su presencia. Pero tú te vas a levantar y les vas a decir a todos los que no han orado contigo: "Miren lo que Dios va a hacer". A todos los que no han orado contigo, ni te han ayudado, o solo han estado contigo cuando todo estaba bien, tú les vas a decir: "Prepárense porque ustedes me han dado gloria, me han celebrado, me han aplaudido porque les multipliqué el pan, sané los enfermos, pero delante de sus ojos, ahora es el Padre quien me va a dar la gloria, quien va a sacar gloria de esta situación, y nadie me va a detener".

La presión te sacó el mal carácter, los corajes, y hasta te hizo meterte en deudas. La presión te hizo faltarle a tu esposa, a tu esposo, a tus hijos. La presión te llevó al divorcio. La presión sacó tus peores palabras, lo peor de tus debilidades y lo peor de tu naturaleza humana. Te has dado cuenta de lo frágil que eres y de lo frágil que es la vida. Has pensado en renunciar y has pedido a Dios como le pidió Cristo: "Quita esto, Padre, sácame de aquí". Has orado una y otra vez, y parece ser que nadie te comprende. Parece ser que no hay nadie al lado tuyo para apoyarte en este momento.

Cuando Jesús bajaba a donde estaban Sus discípulos, no encontró a nadie que lo apoyara; a nadie que orara con Él. Jesús entendió lo mismo que tú debes entender: "Lo único que me queda es levantarme e ir al encuentro de lo que me queda vivir, con la seguridad de que estoy en Sus manos, Él cuida de mí, Él me guarda, mi final no va a ser de muerte, Él me va a dar la victoria, Él me va a transformar y Él me va a levantar. Estaré convencido de que si esto es lo que tengo que

> Serás capaz de hacer cosas que jamás pensaste que podrías hacer, lleno del poder de Dios.

enfrentar por las razones que sean, lo voy a enfrentar y Él me va a dar la victoria.

La adversidad tiene tres consecuencias principales: te muestra tu fragilidad, puede sacar lo peor de ti, y expone capacidades que tú no sabías que tenías. Serás capaz de hacer cosas que jamás pensaste que podrías hacer, lleno del poder de Dios. Tú escoges.

3

¿POR QUÉ LLEGA LA ADVERSIDAD?

Tienes que desarrollar la capacidad de resistencia, de fortaleza y de tolerancia para enfrentarte a los problemas que te traiga la vida.

Acompáñame a Eclesiastés 7:14:

> *En el día del bien goza del bien; y en el día de la adversidad considera. Dios hizo tanto lo uno como lo otro, a fin de que el hombre nada halle después de él.*

En el día de la adversidad, piensa y analiza. Hageo 1:5-7 dice:

> *…Meditad bien sobre vuestros caminos. Sembráis mucho, y recogéis poco; coméis, y no os saciáis; bebéis, y no quedáis satisfechos; os vestís, y no os calentáis; y el que trabaja a jornal recibe su jornal en saco roto. Así ha dicho Jehová de los ejércitos: Meditad sobre vuestros caminos.*

Entonces el Señor dice: medita ante la situación. Ante lo que estás viendo, tienes que considerar.

Señalé en el capítulo anterior que uno de los problemas en las iglesias es que las personas tratan de orar para salir de las situaciones que tenemos que pasar. No hay tal cosa como orar para no tener que tomar un examen para pasar la universidad. Lo que puedes es orar para que Dios te dé sabiduría en medio de ese examen. La oración no está para sacarnos de la dificultad, sino para ayudarnos a atravesar la adversidad. La oración también está para iluminar nuestra consciencia sobre lo que tenemos que considerar en nuestra vida. Queremos espiritualizar tanto las cosas, que dejamos a un lado la mente.

Cuando tú vas ante la presencia del Señor, hay ciertas cosas que tienes que analizar y considerar. ¿Por qué estoy atravesando esta situación? ¿Qué es lo que está ocurriendo en mi vida? Medita, no para vivir obsesionado con el lado oscuro de tu vida, sino para saber las decisiones que tienes que tomar para moverte hacia adelante. No medites para rebuscar en tu pasado, y quedarte en esa fijación mental de mirar lo peor de ti. Medita para detenerte por un momento, analizar las cosas que están ocurriendo, y poder moverte a lo que Dios tiene para ti.

¿QUÉ HAY QUE CONSIDERAR EN MEDIO DE LA ADVERSIDAD?

1. La adversidad que enfrentas, ¿es provocada por la siembra y la cosecha? ¿Es resultado de una siembra que hiciste? Cuando hablo de siembra, no me refiero a una ofrenda. Tú siembras otras cosas: actitudes, corajes, malas decisiones. Hay cosas en nuestra vida que son causa y efecto. Puede ocurrir una adversidad que sea resultado de una siembra que tú has hecho o una acción que tomaste. La ley más justa que Dios ha hecho es la ley de la siembra y la cosecha. En el libro de Gálatas 6:7, Dios dice:

No os engañéis; Dios no puede ser burlado: pues todo lo que el hombre sembrare, eso también segará.

Yo podría decirte que todo lo que te pasa en la vida te lo mereces, y es verdad. Te lo mereces, pero no por las razones que el mundo te ha dicho. De todas estas posibles razones para tu adversidad, de la única que tú eres responsable es de la ley de la siembra y la cosecha

> No puedes orar para librarte de la cosecha que sembraste.

No puedes orar para librarte de la cosecha que sembraste. Puedes aceptar que tu adversidad es la cosecha de algo que hiciste, y la única manera de cambiarla es sembrando algo nuevo. No tienes que pensar que es irremediable. Acéptalo, siembra algo nuevo y espera una nueva cosecha.

2. La realidad del mundo espiritual- No quiero que espiritualices todo, pero la verdad es que nos ocurren cosas como resultado de algo que está pasando en el ambiente espiritual. El mundo espiritual es real. Estamos bajo diferentes influencias. Todos hemos tenido la experiencia de estar en un lugar, y de repente llega alguien, y uno puede sentir una presión. Hay personas que cuando llegan a tu casa o a tu negocio, las cosas se ponen difíciles y complicadas. Hay situaciones en el mundo espiritual que a veces no nos damos cuenta que tenemos que batallar hablando de forma espiritual. Por ejemplo, Jesús le dijo a Pedro:

...Simón, Simón, he aquí Satanás os ha pedido para zarandearos como a trigo; pero yo he rogado por ti, que tu fe no falte; y tú, una vez vuelto, confirma a tus hermanos (Lucas 22: 31-32).

En otras palabras, le dijo: Vas a ser zarandeado. El enemigo va a venir; vas a tener ahora la batalla más grande de tu vida. Va a ser algo espiritual, tú no lo vas a entender, pero yo voy a orar. Jesús no iba a orar para que Pedro no pasara por el problema. Por el contrario, Él le dijo: *"he rogado...para que tu fe no falte".*

En el libro de Daniel, la Palabra del Señor nos habla de que en un momento cuando Daniel hizo una oración a Dios, vino un ángel con la respuesta en la mano, pero se tardó veintiún días, y Daniel tuvo que seguir creyendo.

Y he aquí una mano me tocó, e hizo que me pusiese sobre mis rodillas...Y me dijo: Daniel, varón muy amado, está atento a las palabras que te hablaré, y ponte en pie; porque a ti he sido enviado ahora...Entonces me dijo: Daniel, no temas; porque desde el primer día que dispusiste tu corazón a entender y a humillarte en la presencia de tu Dios, fueron oídas tus palabras; y a causa de tus palabras yo he venido...Mas el príncipe del reino de Persia se me opuso durante veintiún días... (Daniel 10: 10-13).

Cuando el ángel llegó, le dijo a Daniel que su oración había sido contestada desde el mismo día, pero había tenido que luchar con el rey de Persia para traerle la respuesta. Daniel tuvo que permanecer en fe, sabiendo que había una batalla.

Cuando Dios te promete algo, primero tienen que moverse todas las fichas en el mundo espiritual. Dios comienza a ordenar las cosas porque lo que se ve fue hecho de lo que no se veía. La realidad es que hay cosas en el mundo espiritual que tú y yo tenemos que enfrentar. Algunas veces, lo único que tenemos que hacer es tener la confianza de que, aunque tú no sabes lo que está pasando,

> Hay cosas en el mundo espiritual que tú y yo tenemos que enfrentar.

Dios está trabajando y la respuesta viene en camino. Tú tienes que internalizar en tu corazón que en el mundo espiritual hay ciertas cosas que tienen que suceder, y batallas que se tienen que vencer para que Dios traiga a tu vida lo que Él te ha prometido.

3. La adversidad puede llegar por causa del propósito de Dios en ti. El propósito de Dios en tu vida provoca que ciertas cosas comiencen a moverse en el mundo espiritual. Cuando Jesús fue a nacer muchas profecías se tuvieron que cumplir y ciertos eventos suceder. Cuando María quedó embarazada, Herodes ordenó hacer un censo para contar a todas las personas. Espiritualmente hablando, la única razón por la que Dios causó que Herodes hiciera eso es porque si no lo hubiera hecho, José y María no hubieran ido a Belén, y Dios había dicho que Jesús tenía que nacer en Belén. Para que la profecía se cumpliera, le pusieron impuestos a todo el mundo, de manera que María y José se posicionaran en el lugar correcto.

> *Todos regresaron a los pueblos de sus antepasados a fin de inscribirse para el censo. Como José era descendiente del rey David, tuvo que ir a Belén de Judea, el antiguo hogar de David. Viajó hacia allí desde la aldea de*

Nazaret de Galilea. Llevó consigo a María, su prometida, cuyo embarazo ya estaba avanzado (Lucas 2: 3-5 NTV).

Primeramente, Dios tuvo que convencer a José para salir de su tierra y llegar hasta Belén. Llegaron al hotel, y dice la Palabra que no había cuarto disponible para ellos. Jesús tuvo que nacer en un pesebre, entre animalitos, que no es el nacimiento más glorioso. Fueron dos años un poco difíciles; tuvieron que vivir lejos su hogar, familiares y amigos. Hoy sabemos que toda aquella complicación fue por el propósito de Dios.

En medio de la adversidad, considera que es posible que Dios te esté posicionando para cumplir Su propósito en tu vida. No es que la adversidad tiene propósito, es que tú tienes propósito. Y como tú tienes propósito, viene la adversidad.

4. La adversidad te llega por el llamado de Dios en ti. Una cosa es el propósito y otra es el llamado que Dios ha puesto en tu vida: el llamado ministerial, el llamado dentro de lo que es tu destino. No es tan solo tu sentido de vida, sino el llamado de Dios para cumplir una tarea y alcanzar algo específico en un momento de tu vida.

A través de la Biblia vemos diversos ejemplos en los que tan pronto se levanta el llamado en la vida de alguien, se levanta la adversidad. Tienes que entender que la adversidad es parte de tu llamado. Es maravilloso salir en televisión. Es maravilloso que te conozcan en algunos momentos y en otros no. Hay muchas personas que te aman, pero también hay muchas personas que no te quieren.

> Tienes que entender que la adversidad es parte de tu llamado.

Todo eso viene con el territorio. Esa es la adversidad por el llamado.

5. Hay una adversidad que viene por el evangelio. Cristo mismo dijo en varias ocasiones que somos bienaventurados cuando somos perseguidos por causa del evangelio. Cuando digan toda clase de mal sobre ti mintiendo, eres bendecido. Si hablan chismes de ti diciendo la verdad, no eres bendecido. Si lo que están diciendo es una mentira y es producto del evangelio, eres bendecido. Tienes que entender que cuando comienzas a predicar la Palabra, y a declarar lo que Dios ha hecho en tu vida y lo que Dios quiere hacer con otros, se va a levantar persecución, problemas y dificultad. Las personas no lo van a entender. Pero es ahí donde tienes que afirmar tu fe y decir como decía el Apóstol Pablo:

> *Porque no me averguenzo del evangelio, porque es poder de Dios para salvación a todo aquel que cree; al judío primeramente, y también al griego* (Romanos 1:16 LBLA).

Hay personas que te van a criticar, que te van a condenar, y que no te van a entender. Pero cuando tú predicas la Palabra del Señor, viene recompensa para tu vida.

Todo lo que te he presentado tiene que ver con el cumplimiento de la promesa de Dios en tu vida. Yo quiero que salga de ti la culpa, la condenación que has llevado por tanto tiempo, pensando que todo lo que pasa en tu vida es culpa tuya. Y lo es, pero no como tú has pensado. No es culpa tuya porque hayas hecho algo. Es culpa tuya porque la adversidad ha ocurrido por lo que tú cargas, por quien tú eres, porque tienes un llamado, porque tienes propósito. Es porque

Dios está tratando de hacer algo contigo; es porque Dios está moviendo el cielo para traerte la respuesta.

El día bueno y el día malo les llegan a todos. Pero tú no debes cargar con la culpa, la responsabilidad y la condenación de todo lo que pasa en tu vida. Tú tienes que entender que por el mero hecho de existir, de que Dios tiene algo contigo y que Él quiere responder a tu oración, hay una batalla en el mundo espiritual. Sin embargo, las cosas se están moviendo para traerte la respuesta.

Dime si cuando tú te has levantado una mañana y has dicho: "Desde hoy voy a hacer lo que tengo que hacer", no has empezado a tener problemas y dificultades. La pregunta es si tú eres capaz de permanecer a pesar de todo, desde el día que tomaste la decisión y dijiste: "Voy a vivir para Cristo, voy a alcanzar mi llamado, voy a hacer lo que tengo que hacer a pesar de lo que venga".

Los problemas y la adversidad no te deben detener. Hay personas que dicen: "Si me llegaron todos estos problemas es porque yo no debería estar haciendo eso". Todo lo contrario; porque hay propósito en tu decisión, porque hay llamado, porque estás predicando el evangelio, Dios está tratando de responder a tu oración. Por eso es que debes continuar y seguir hacia adelante, pues el propósito de Dios se va a cumplir en tu vida.

¿QUÉ PRODUCE EN TI LA ADVERSIDAD?

Mira lo poderoso que dice el Salmo 4:1:

> *Respóndeme cuando clamo, oh Dios de mi justicia.*
> *Cuando estaba en angustia, tú me hiciste ensanchar;*
> *Ten misericordia de mí, y oye mi oración.*

En medio de tu angustia, Dios va a provocar que tú crezcas, y te extiendas al nivel que nunca te habías extendido. Te moverás hasta el nivel donde tú nunca te habías probado. Entenderás que tú puedes llevar tu cuerpo, tu mente y tu espíritu a un lugar donde no lo habías podido llevar.

¿Sabes por qué hay personas que tienen éxito y otras no? Porque las que tienen éxito han estado dispuestas a llevarse a sí mismas al extremo. Llevan al extremo su mente y su cuerpo. En vez de rendirse como se rinden otros, están dispuestos a levantarse, a

> Dios va a provocar que tú crezcas, y te extiendas al nivel que nunca te habías extendido.

continuar, a seguir hacia adelante a pesar de lo que sienten, de lo que piensan y de lo que miran que está sucediendo en su vida.

El salmista dijo: en medio de mi angustia me hiciste ensanchar (Salmo 118:5 LBLA parafraseado). En otras palabras, me has hecho más grande, más poderoso y me has hecho extenderme. En medio de todo lo que has estado pasando en tu vida, lo único que tú puedes hacer es permitir que tu hombre interior se haga más grande y más fuerte cada vez; que tu hombre o tu mujer interior sea quien te sostenga todos los días. La pregunta que debes hacerte es: ¿Qué va a producir esto en mí? Tú tienes que escoger. Puede producir lo peor o puede producir lo mejor. Puede destruirte o puede ensanchar tu corazón. La adversidad que estás viviendo puede llevarte a quebrar tu corazón, llenarte de tanta tristeza, de tanta amargura que no vuelvas a ser el mismo. O puedes permitir que el Espíritu de Dios haga ensanchar tu corazón, y definitivamente no vas a ser el mismo. Pero te aseguro que cuando salgas de la adversidad, serás mejor que cuando entraste.

LA PACIENCIA

Mira cómo lo dice Pablo en el libro de Romanos 5:1-4:

> *Justificados, pues, por la fe, tenemos paz para con Dios por medio de nuestro Señor Jesucristo; por quien también tenemos entrada por la fe a esta gracia en la cual estamos firmes, y nos gloriamos en la esperanza de la gloria de Dios. Y no sólo esto, sino que también nos gloriamos en las tribulaciones, sabiendo que la tribulación produce paciencia; y la paciencia, prueba; y la prueba, esperanza;*

No sé si has oído decir "no pidas paciencia porque la paciencia produce prueba". Analiza bien el verso. Ese no es el contexto. La prueba de la que se habla ahí no significa lo que se ha interpretado. La tribulación es la que te está probando o dando evidencia. La paciencia es producto de la tribulación y la prueba es producto de la paciencia. Y la prueba produce esperanza. Esa palabra prueba significa "evidencia". La paciencia produce evidencia y la evidencia produce esperanza.

Hay personas que tienen lo que se llama ilusiones no realistas. Hay otros que tienen una evidencia que ha sido producida por la paciencia, y esa paciencia ha sido probada por las tribulaciones que han estado viviendo. En otras versiones bíblicas, la palabra "paciencia" es la palabra "perseverancia". Paciencia para muchas personas es esperar a ver qué va a ocurrir. La Biblia dice:

Mas tenga la paciencia su obra completa, para que seáis perfectos y cabales, sin que os falte cosa alguna (Santiago 1:4).

La paciencia nunca es un estado de inacción. La paciencia es continuar creyendo y trabajando hasta alcanzar lo que Dios te prometió. De lo que habla el apóstol Pablo en Romanos 5 es el progreso a través del cual se manifiesta en nosotros algo más grande.

La tribulación produce perseverancia. La perseverancia produce evidencia. Otra palabra en otras versiones especialmente en inglés, es la palabra "carácter". Así que la tribulación produce perseverancia. El hecho de que tú estás pasando por un problema produce que tengas que perseverar, seguir, que tengas tenacidad para continuar. De ahí se produce el carácter, y este produce una evidencia que te da una esperanza. Esa esperanza no avergüenza porque está producida por evidencia. La evidencia es resultado de la perseverancia, y no se puede perseverar si no has tenido dificultades. Y ya hay un carácter que ha sido formado en medio de las tribulaciones.

> La paciencia es continuar creyendo y trabajando hasta alcanzar lo que Dios te prometió.

Lo que tú estás esperando no te va a avergonzar porque no es producto de una ilusión. Es producto de que tú has perseverado por tanto tiempo, que sabes que las cosas tienen que cambiar, que todo va a obrar para bien, y que Dios está haciendo algo a favor tuyo. Esa esperanza que es basada en esa evidencia no provoca vergüenza. Es todo lo contrario. Esa es la esperanza segura que tenemos: que el Dios Todopoderoso que está en nosotros nos va a dar la victoria si permanecemos hasta el final, si continuamos el camino que llevamos.

Mira cómo Pablo termina diciendo:

> *y la esperanza no averguenza; porque el amor de Dios ha sido derramado en nuestros corazones por el Espíritu Santo que nos fue dado* (Romanos 5:5).

Si hay algo poderoso que tú vas a aprender en medio de tus problemas es cuánto Dios te ama. Pero eso sucede únicamente para aquellos que en la tribulación, permanecen porque esa perseverancia que tienen les da una evidencia.

4

PAZ EN MEDIO DEL PROBLEMA

Yo no le sirvo a Dios porque no voy a tener problemas. Le sirvo porque ¿qué haría yo si no tengo a Dios cuando me llegan los problemas?

Para atravesar los problemas, cruzar en medio de las dificultades, y vencer la adversidad tienes que crear en tu interior la capacidad de no permitir que se cree en tu mente una tormenta emocional en medio de la dificultad. Tienes que desarrollar la fuerza de voluntad para seguir caminando, y que en tu interior haya paz, aunque tu situación esté complicada.

Mira qué poderoso es Cristo. Cuando bajó del Getsemaní, comenzó a caminar hacia su destino. Lo entregaron y de ahí en adelante, guardó silencio. No lo vemos en un estrés emocional. Lo vemos caminando hacia lo que tenía que caminar.

Con frecuencia no somos capaces de crear ese lugar de paz dentro de nosotros en medio de la crisis. Tú y yo tenemos que llegar a un punto de serenidad en nuestro espíritu, donde a pesar de lo que esté ocurriendo, estemos tranquilos en nuestra alma y sigamos caminando con seguridad. Cuando llega una situación emocional a la vida de las personas, muchos se esconden o tratan de entretenerse para buscar paz. En vez de enfrentar el problema, limitan su vida pensando que el problema va a desaparecer y entonces podrán rehacer su vida. Es vital que en medio de tu crisis tomes las acciones necesarias, para que tu situación no empeore por no actuar a tiempo. La vida tiene que seguir. Tienes que crear esa fortaleza de espíritu para mantener firme tu interior, y continuar hacia adelante.

El salmista experimentó estos momentos, pero mira cómo lo dice en el libro de Salmos 42:1-3:

> *Como el ciervo brama por las corrientes de las aguas, Así clama por ti, oh Dios, el alma mía. Mi alma tiene sed de Dios, del Dios vivo; ¿Cuándo vendré, y me presentaré delante de Dios? Fueron mis lágrimas mi pan de día y de noche, mientras me dicen todos los días: ¿Dónde está tu Dios?*

Eso es lo primero que te dice el problema: *"¿Dónde está tu Dios"?*

> *Me acuerdo de estas cosas, y derramo mi alma dentro de mí; de cómo yo fui con la multitud, y la conduje hasta la casa de Dios, entre voces de alegría y de alabanza del pueblo en fiesta. ¿Por qué te abates, oh alma mía, y te turbas dentro de mí? Espera en Dios; porque aún he de alabarle, salvación mía y Dios mío* (vs. 4-5).

En el Salmo, vas a ver a un salmista que retrocede y se mueve hacia adelante. Mira los versos del 6 al 10:

Dios mío, mi alma está abatida en mí; me acordaré, por tanto, de ti desde la tierra del Jordán, y de los hermonitas, desde el monte de Mizar. Un abismo llama a otro a la voz de tus cascadas; todas tus ondas y tus olas han pasado sobre mí. Pero de día mandará Jehová su misericordia, y de noche su cántico estará conmigo, y mi oración al Dios de mi vida. Diré a Dios: Roca mía, ¿por qué te has olvidado de mí? ¿Por qué andaré yo enlutado por la opresión del enemigo? Como quien hiere mis huesos, mis enemigos me afrentan, diciéndome cada día: ¿Dónde está tu Dios?

¿Qué era lo que hacía el problema? El problema le cuestionaba "¿Dónde está tu Dios?". Los enemigos lo rodeaban. Él calmaba su mente por un ratito, y de momento venía otro problema, otra dificultad. Su mente le decía: ¿Qué va a hacer tu Dios contigo ahora, por qué no te responde? Y vuelve en el verso 11:

¿Por qué te abates, oh alma mía, y por qué te turbas dentro de mí? Espera en Dios; porque aún he de alabarle, salvación mía y Dios mío.

Mira el proceso por el que el salmista estaba pasando: el proceso por el que pasamos todos en un momento dado. Comenzamos a caminar, a ver la respuesta, de repente llegan situaciones, y lo primero que nuestra mente empieza a cuestionar es: ¿Dónde está Dios?

El salmista empieza a recordar lo que había logrado, cómo llevó al pueblo a la casa de Dios para adorar, y cómo Dios lo había defendido antes. Eso traía paz a su alma, pero de repente, volvía a su mente al problema y volvía el alma a cuestionar: "¿Dónde está

Dios?", "¿Cómo voy a salir de esto?". Entonces el salmista tomaba autoridad sobre su mente y declaraba "Espera en Dios".

CONTROLA TUS EMOCIONES

Dale una orden a tu alma. Dale una orden a tu mente: "Tú no me controlas". Dale una orden a tus emociones: "Ustedes no me van a controlar; el coraje y el odio no me van a controlar". El salmista escribió: *"Bendice, alma mía a Jehová y bendiga todo mi ser su santo nombre"* (Salmos 103:1). Fíjate que no es una sugerencia, es una orden. Más adelante dice: *"...Y no olvides ninguno de sus beneficios"* (Salmos 103:2). Y empieza a enumerar:

> *Él es quien perdona todas tus iniquidades, El que sana todas tus dolencias; El que rescata del hoyo tu vida, El que te corona de favores y misericordias; El que sacia de bien tu boca, de modo que te rejuvenezcas como el águila"* (Salmos 103:3-5).

Así es que di: "Alma mía, contrólate". Yo tengo que seguir hacia adelante. Esa era la batalla que tenía el salmista. El Salmo 23 no es otra cosa que eso.

> *Jehová es mi pastor; nada me faltará. En lugares de delicados pastos me hará descansar; junto a aguas de reposo me pastoreará. Confortará mi alma; me guiará por sendas de justicia por amor de su nombre. Aunque ande en valle de sombra de muerte...* (Salmo 23: 1-4)

Él no le está diciendo a Dios: "Líbrame del valle de sombra y de muerte", sino si lo que me ha tocado vivir es sombra, si lo que me ha tocado vivir es muerte, yo voy tranquilo porque tú vas conmigo. El hecho de que haya sombra en tu vida, el hecho de que haya muerte, el hecho de que haya dificultad no dice que Dios no está contigo. El hecho de que haya adversidad en tu vida no te dice que Dios te ha dejado. Ahí es donde tú tienes que decir:

> **El hecho de que haya dificultad no dice que Dios no está contigo.**

Aunque ande en valle de sombra de muerte, no temeré mal alguno, porque tú estarás conmigo; tu vara y tu cayado me infundirán aliento. Aderezas mesa delante de mí en presencia de mis angustiadores; unges mi cabeza con aceite; mi copa está rebosando. Ciertamente el bien y la misericordia me seguirán todos los días de mi vida, y en la casa de Jehová moraré por largos días (Salmo 23: 4-6).

La única manera de enfrentar la adversidad es que tomes autoridad sobre tus pensamientos y seas capaz de permanecer tranquilo en un mundo lleno de conflictos. Debes permanecer ecuánime, con tu mente en orden, sin perder el control sobre tus emociones. Tiene que llegar un momento cuando puedas permanecer en esa firmeza, en esa tranquilidad. El mundo se puede caer al lado tuyo y tú puedes estar tranquilo.

> *"Caerán a tu lado mil, y diez mil a tu diestra; mas a ti no llegará"* (Salmos 91:7).

Tienes que lograr que nada conmueva tu interior. En el momento que te conmueva, dale una orden a tu alma y dile: "¿Por qué te abates, alma mía, por qué te turbas dentro de mí, si Dios te sacó de esto ya y de tantas otras situaciones?". Espera en Dios. Quiero que sepas, alma mía, que como quiera, voy a alabar a Dios. Si lo que tú quieres es que yo no lo alabe, quiero que sepas que yo como quiera lo voy a alabar, como quiera voy a creer en Él, como quiera voy a esperar en Él, y como quiera voy a confiar en Él". En medio de tu crisis, tienes que tomar autoridad sobre tu vida, sobre tu alma y sobre tu mente.

> En medio de tu crisis, tienes que tomar autoridad sobre tu vida, sobre tu alma y sobre tu mente.

A veces veo personas batallando guerras espirituales. Quieren pelear con el diablo y ni siquiera tienen autoridad sobre su propia mente. ¿Tú nunca te has sentido mal frente a alguien que dice que ora más que tú? Y tú piensas: "Quizás yo no soy tan espiritual". Hay que orar, pero hay que salir a enfrentar el problema porque Dios no se mueve tan solo con la oración. Dios se mueve con tu acción. Tú oras para que Dios te dé dirección. Tienes que orar y hay temporadas en que te tienes que encerrar y dedicar unas horas al Señor. Cristo oraba, pero bajaba del monte, caminaba y hacía lo que tenía que hacer.

La fe sin obra es muerta. Tienes que salir de allí, atreverte a enfrentar las cosas, caminar, luchar y enfrentar las situaciones; no enajenarte del mundo. Vas a caminar en un mundo desquiciado, y tú tienes que permanecer tranquilo, ecuánime, inteligente, confiado en el Señor. De repente, tu mente se te va y la sangre se te calienta, pero empieza a hablarte a ti mismo para que te tranquilices y te controles. A pesar de lo que te rodea, tienes que vivir tu vida, continuar progresando, y mantener tu mente en ese proceso espiritual de saber que Dios va contigo. Él está contigo a pesar de lo que el mundo haga, de lo que digan, de las amenazas, de lo que griten y pataleen, a pesar de que digan que te van a hacer, que te van a quitar, que van a destruirte... a pesar de que tu propia mente te diga: "Esto es lo último".

Aprende a caminar hacia el frente con firmeza, y como dice una vez más la Palabra del Señor: *"Caerán a tu lado mil, y diez mil a tu diestra; mas a ti no llegará"* (Salmos 91: 7). *"...por un camino saldrán contra ti, y por siete caminos huirán de delante de ti"* (Deuteronomio 28:7). Tú tienes que permanecer en paz y ver cómo los mismos que vienen en contra tuya, van a huir frente a ti. ¿Y por qué van a huir por siete caminos? Porque van a salir confundidos. Cuando lleguen a tu vida, van a saber por dónde entrar, pero no van a saber por dónde salir, y tú tienes que permanecer firme en medio de esa situación.

Es imposible atravesar la adversidad si no mantienes tu hombre interior y tu mente alineados con la Palabra de Dios en un estado de perfecta paz. Mira cómo lo dice Isaías 26:3-4:

> *Tú guardarás en completa paz a aquel cuyo pensamiento en ti persevera; porque en ti ha confiado. Confiad en Jehová perpetuamente, porque en Jehová el Señor está la fortaleza de los siglos.*

¿Quién tiene perfecta paz? ¿El que piensa cosas positivas? No; el que piensa en Dios. ¿El que piensa en soluciones? No; el que piensa en Dios. El problema es que hay personas que piensan que la paz llega cuando Dios les soluciona el problema. Buscan la solución del problema para experimentar la paz, y lo que trae la paz es que pienses en Dios en medio del problema. Hay personas que hablan de buscar a Dios, y muchas veces lo que buscan es que Dios les resuelva los problemas. Mientras buscas a Dios solo para que te resuelva el problema, lo que está presente en tu mente no es Él. Lo que está presente es el problema.

Una cosa es buscar a Dios para que te solucione los problemas y otra cosa es buscarlo a Él, disfrutar de Su presencia y estar agradecido de quién es Él para ti hoy, ayer y siempre. Cuando Él es el que está presente, en tu mente no existen problemas. Cuando Él es la prioridad y está presente en tu mente y en tu vida, lo demás pasa desapercibido. Entonces sabes que todo va a estar bien; sabes que todo va a estar en orden.

Muchas personas dejan de ir a la iglesia porque van por lo que piensan que pueden encontrar, y si no lo encuentran, no regresan. No se dan cuenta de que cuando van a la iglesia, van a encontrarse con Él. Cuando puedes encontrarte con Él, entonces Él es el énfasis. El tiempo que tú oras por el problema, lo que está en tu pensamiento es el problema y no Dios. En los matrimonios, hay momentos de conversar el problema, pero hay momentos cuando hay que disfrutar de la persona que está junto a ti.

> El tiempo que tú oras por el problema, lo que está en tu pensamiento es el problema y no Dios.

Conservar la paz interior es indispensable para enfrentar la adversidad con una mente clara. **¿Cómo te guardas en perfecta paz?**

1. **Aprende a buscar a Dios**. Aprende a disfrutar estar ante Su presencia. Aprende a tomar tu momento, y simplemente meditar en Él

y decirle: "Gracias, Señor, bendice, alma mía, a Jehová". En ese ratito en Su presencia, vas a olvidar el resto de las cosas y cuando menos lo pienses, llega la solución. Lo único que te va a conservar en paz es encontrar a Dios en medio del valle de la muerte. Tu enfoque no es el valle de la muerte; sino que Él va contigo en ese valle. Tú tienes que saber que si Él va contigo en ese valle, ese valle no va a durar toda la vida. Ese valle tiene un final; eso se va a acabar.

2. Recuerda que Dios puede cambiar cualquier circunstancia. La situación que tú estás atravesando puede, y va a cambiar. Nos hablamos a nosotros mismos con tanta frustración y desmotivación que llegamos a pensar que las cosas no pueden cambiar. El que piensa así, va a vivir toda su vida frustrado, sin expectativas, sin deseos de cambio.

Búscalo a Él, y en tu interior ten la seguridad de que tu vida puede cambiar, ser transformada y ser mejor de lo que es hoy. Tú tienes que saber que con Dios las cosas pueden ser diferentes. Tú tienes que saber que tú no tienes que vivir el resto de tus días de esa manera. Tú tienes que estar seguro en tu consciencia, en tu interior de que tú no vas a vivir toda tu vida en la situación que estás atravesando. Esa dificultad que tú estás viviendo también pasará. Tu vida va a cambiar. Tú decides si cambian en Dios o cambian fuera de Dios. Yo he decidido que cambien en Dios para que cuando cambien, cambien para bien y para lo que Él quiere para mi vida, y me encuentren en el lugar correcto, en la posición correcta.

Tu vida puede ser diferente de aquí a un año, dos años, cinco años. Tu vida puede ser transformada por completo, cambiada, renovada. Créeme cuando te digo que es posible una transformación total en tu vida. Y cuando tú entras ante la presencia de Dios, tienes que estar enfocado en que las cosas van a cambiar, y que Dios se va a encargar de que las cosas sean transformadas.

Tu mente nunca encontrará perfecta paz si insistes en pensar en que lo que estás viviendo es lo último, y que no hay posibilidad de un cambio.

3. Une la acción a tu fe. No se trata de simplemente ser optimista. Hay personas que son ilusionistas. Crean una falsa expectativa de la fe, sin darse cuenta de que la verdadera fe sabe que hay acciones que tenemos que tomar. Lo que trae inestabilidad a la mente es tratar de convencerla de algo que la misma mente rechaza. Hay personas que piensan que fe es negar las realidades de la vida. La persona que niega las realidades de la vida vive en una ilusión, y no puede alcanzar la paz. La persona que es verdaderamente optimista porque está llena de fe es la que sabe que Dios va con ella y que las cosas pueden cambiar, pero que hay algo que ella tiene que hacer.

La persona sabia que tiene paz en el Señor dice: "Mientras camino junto a Dios, voy saliendo del valle de muerte". El que es ilusionista dice: "No quiero caminar, no voy a pasar el valle, y nunca lo voy a ver. Eso no va a ocurrir". Esa persona se llena de ansiedad, y se desenfoca completamente.

Enfócate en Dios y mientras te enfocas en Él, entiende que las cosas pueden cambiar porque Él va contigo. El valle de muerte no es tu prioridad; es Él en medio del valle de muerte. Tienes que caminar y hay cosas que tienes que hacer, junto a Él. No crees la falsa ilusión de que las cosas se resuelven con un ayuno o una oración. En la vida hay que trabajar, hay que esforzarse, atreverse a caminar en medio de las dificultades y atreverse a decir: "Voy a perseguir lo que Dios ha dicho que tengo que perseguir".

Puedes caminar tranquilo y seguro en medio de los problemas porque Dios va contigo. Si hay paz en tu corazón, hay seguridad en tu vida; ahora puedes enfrentar la adversidad. Si tú permites que la adversidad controle tu interior, la adversidad te lleva ventaja. Cuando tú logras mantener tu ser interior enfocado en el Señor, en un tiempo estarás al otro lado del valle y podrás proclamar la victoria que Dios te ha dado en el nombre de Jesús.

> Puedes caminar tranquilo y seguro porque Dios va contigo.

5

DECLARA DE ANTEMANO LA PALABRA DE VICTORIA

Nuestro Señor Jesucristo es el mejor ejemplo de una persona que toma autoridad sobre sus emociones en medio de las dificultades.

Isaías 53:1-7 dice:

> *¿Quién ha creído a nuestro anuncio? ¿y sobre quién se ha manifestado el brazo de Jehová? Subirá cual renuevo delante de él, y como raíz de tierra seca; no hay parecer en él, ni hermosura; le veremos, mas sin atractivo para que le deseemos. Despreciado y desechado entre los hombres, varón de dolores, experimentado en quebranto; y como que escondimos de él el rostro, fue menospreciado, y no lo estimamos. Ciertamente llevó él nuestras enfermedades, y sufrió nuestros dolores; y nosotros le*

tuvimos por azotado, por herido de Dios y abatido. Mas él herido fue por nuestras rebeliones, molido por nuestros pecados; el castigo de nuestra paz fue sobre él, y por su llaga fuimos nosotros curados. Todos nosotros nos descarriamos como ovejas, cada cual se apartó por su camino; mas Jehová cargó en él el pecado de todos nosotros. Angustiado él, y afligido, no abrió su boca; como cordero fue llevado al matadero; y como oveja delante de sus trasquiladores, enmudeció, y no abrió su boca.

"Angustiado y afligido" (no niega la realidad de la angustia y de la aflicción), *"no abrió su boca"*.

El primer y mayor error del ser humano ante cualquier dificultad es darle rienda suelta a su boca, y decir lo incorrecto. Es hablar cosas totalmente ilógicas e irracionales que después no podemos echar para atrás. Esa es también una de las peores demostraciones de inmadurez ante las dificultades. Algunos tal vez no reaccionan a otros con sus palabras, pero se hablan a ellos mismos, y en medio de una situación difícil vas en el auto, y dices cosas que no deberías estar hablando.

Cuando vemos la trayectoria de nuestro Señor Jesucristo por la Vía Dolorosa, lo que podemos contar son siete palabras. No lo vemos quejarse, no lo vemos lamentarse, no lo vemos abrir su boca para decir nada negativo. Al decir que Él no abrió su boca, no fue que no dijo nada, porque sí dijo. Lo que pasa es que dijo lo correcto en el momento apropiado. No abrir la boca no significa permanecer callado. No abrir la boca es saber cuándo abrirla para decir lo correcto.

En el momento cuando azotaban y acusaban a Jesús, le preguntaban y Él no abrió su boca; no dijo nada. ¿Recuerdas el relato del arresto de Jesús en el evangelio de Juan?

> *Pero Jesús, sabiendo todas las cosas que le habían de sobrevenir, se adelantó y les dijo: ¿A quién buscáis? Le respondieron: A Jesús nazareno. Jesús les dijo: Yo soy… Cuando les dijo: Yo soy, retrocedieron , y cayeron a tierra* (Juan 18:4-6).

Si Jesús le hubiera contestado a Poncio Pilato "Yo Soy" cuando él le preguntó: *"¿Eres tú el Rey de los judíos?"* (Lucas 23:3), hubiera sucedido lo mismo. Se hubiera formado la revuelta que todos esperaban. El mismo Pedro estaba con la espada, esperando cortarle el cuello a dos o tres. Y estando allí, Jesús le respondió: *"Tú lo dices"*. Date cuenta que el que Jesús admitiera su identidad usando las palabras literales de Poncio Pilato, no era lo mismo que decir: "Yo soy". Jesús en medio de su dolor, su agonía y su dificultad, fue capaz de hablar las palabras correctas y necesarias en el momento preciso. Tuvo la autoridad para tomar control sobre lo que iba a hablar. Si analizas por un momento, ¿cuántas veces tu problema ha sido el daño que provocas con las palabras que dices bajo impulso, en reacción inmediata, sin sentarte a pensar? Pablo dice en 1ra. de Corintios 13:11:

> *Cuando yo era niño, hablaba como niño, pensaba como niño, juzgaba como niño; mas cuando ya fui hombre, dejé lo que era de niño.*

¿Qué es "lo de niño"? Hablar, después pensar y después juzgar. El adulto maduro juzga, piensa y después habla. ¿Qué hacen las personas generalmente? Hablan, juzgan y después piensan, si piensan.

Hablan como locos, dicen cuanta tontera hay, y después se ponen a pensar: "Wao, no debí haber dicho eso, las cosas son diferentes. ¿Ahora cómo echo para atrás eso que dije?". Después uno pasa un juicio basado en eso. La persona madura, ante toda situación, hace todo lo contrario: juzga con certeza la situación que está viviendo, analiza y piensa cuál es la manera apropiada de reaccionar, y entonces es capaz de hablar.

Se ha comprobado que las personas que logran superar la adversidad sicológicamente y son capaces de enfrentar cualquier problema, son los que no cometen el error de generalizar ni de crear catástrofes con sus palabras. Una persona que generaliza, que maximiza, minimiza o crea catástrofes con sus palabras no es capaz de levantarse de una crisis. ¿Qué es generalizar? Ejemplos de esto son: "Todo está mal", "Aquí nada sirve", "Aquí nada funciona", "Todos los hombres son malos", "Todos los hombres son iguales" o "Todas las mujeres son iguales". La persona que generaliza se pone en un estado mental de derrota total.

La persona que minimiza toma por poco lo que está pasando, y no le da importancia a nada. Son personas que viven desordenadamente, y realmente no les importa absolutamente nada. Por otro lado, las personas que crean catástrofes, son las que dicen frases como estas: "Esto es lo último que me va a pasar", "Esto es lo más grande", "Ahora sí, de aquí sí que yo no salgo". ¿No te das cuenta de que cada vez que tú has dicho que es "lo último" nunca es lo último? Cada vez que dices que es lo peor, no solo te ocurre algo peor, si no descubres que hay algo peor de lo que te ocurrió. Lo que pasa es que sin darnos cuenta, nos posicionamos en ese lugar con nuestras palabras. En vez de utilizar nuestras palabras para atravesar nuestra adversidad y salir de nuestra angustia, sin darnos cuenta nos hundimos cada vez más con las palabras que decimos.

Para darte un ejemplo, todas las palabras que dijo nuestro Señor Jesucristo en el proceso de la Vía Dolorosa fueron para llevarlo al momento más importante de Su vida, que fue entregar Su espíritu en las manos de Dios. *"Mujer, he ahí tu hijo... Después dijo al discípulo: He ahí tu madre"* (Juan 19:26-27) son las palabras con las que dejó a su familia al cuidado de su madre. Después dijo: *"...Padre, perdónalos, porque no saben lo que hacen"* (Lucas 23:34), reclamando misericordia para sus verdugos. Luego más adelante, cuando hubo tomado el vinagre, dijo: *"Consumado es"* o *"Todo se ha cumplido"*(Juan 19:30 RVR 1960 y NVI, respectivamente) y entregó Su espíritu.

Sus palabras precisas fueron señalando el camino de su destino, paso a paso. Con Cristo no acabaron cuando lo crucificaron, cuando le atravesaron la lanza. Con Él nunca acabaron. Todo acabó cuando Él terminó Su trabajo, que fue cargar en Su cuerpo todo nuestros pecados y enfermedades, y allí en la cruz, ser juzgado en nuestro lugar.

Tu aflicción y tu dolor se terminan cuando tú dices que se termina. Tu proceso se termina cuando tú lo declaras con tu palabra: *"Consumado es"*. Después, Jesucristo dijo: *"Padre, en tus manos encomiendo mi espíritu"* (Lucas 23:46). Esas fueron las palabras necesarias para recibir la transformación que el Padre le había prometido. Cada palabra era el preámbulo de una nueva etapa para atravesar el proceso.

En medio de tu crisis, la dificultad y los problemas, tienes que aprender a guardar silencio. Aprende a caminar a través de las dificultades midiendo tus palabras, teniendo cuidado de lo que dices y de lo que hablas. Sin darte cuenta, tus palabras precipitadas e incorrectas crean un caos en las personas que están a tu lado. Ellas no necesitan saber los problemas que tienes, ni lo que piensas, ni las emociones que estás viviendo. Lo que necesitan es verte firme. Ten cuidado porque, sin darte cuenta, puedes crear mayores tormentas en la vida de los que están a tu alrededor y causar mayores problemas de los que tú mismo puedes estar atravesando.

> Aprende a caminar a través de las dificultades midiendo tus palabras.

El que está casado tiene que saber cómo le dice a su cónyuge las cosas, cuándo se las dice y por qué se las dice. Hay días y momentos que son apropiados para discutir ciertos temas o situaciones, y hay otros que no lo son. Cada cónyuge debe buscar la sabiduría para saber cuándo hablar y cuándo permanecer callado. Necesitas auto control para pensar en cómo decir las palabras correctas.

Nelson Mandela, el primer presidente de raza negra en la República de Sudáfrica, murió a sus 95 años, y lo que más las personas recuerdan de él son sus palabras. Hoy día, son muchos los que citan las palabras de Mandela en las redes sociales, televisión, radio, prensa…Es importante que seas consciente de que tú serás recordado, no por lo que haces, sino por lo que dices. Lo que hace la diferencia en los grandes hombres y las grandes mujeres son las palabras que hablan en los momentos de grandes conflictos. Tú y yo tenemos que tener la autoridad para tomar control de lo que decimos en el momento de la angustia. Si no sabes qué decir, mejor no digas nada. ¿Te preguntas si debes orar? Jesús no oró en la Vía

Dolorosa. No oró porque Él sabía que Él tenía que pasar por aquel proceso y si había que pasarlo, iba a pasarlo cuidando sus palabras. Igual que Él, es muy importante que lo que digas en tu proceso te lleve más rápido al final, en vez de causarte otras dificultades.

¿Cómo tomas autoridad sobre tus palabras?

Declara de antemano la palabra que establezca tu final de victoria. Tú puedes tomar autoridad sobre tus palabras en medio de la crisis si antes de entrar a la crisis, tú has establecido lo que va a pasar en tu vida, a pesar de la crisis. Habla las palabras correctas antes de entrar en la crisis, y esas palabras establecerán lo que va a pasar al final.

> Declara de antemano la palabra que establezca tu final de victoria.

El problema es que hay personas que en vez de hablar, declarar y confesar la Palabra constantemente, y decir de antemano lo que va a suceder en su vida, buscan un profeta que prediga su futuro. El mejor profeta eres tú, y antes de entrar en una crisis, tú tienes que lanzar una Palabra en el mundo espiritual, que lo transforme todo para llevarte a donde Él te ha prometido.

Desde que Cristo empezó Su ministerio, Él empezó a declarar lo que iba a pasar con Él. Los profetas lo habían profetizado. Un profeta te puede dar una palabra, pero la parte más importante es cuando tú crees, recibes y confiesas con tu boca la Palabra de Dios en tu vida. Mira lo que dice Cristo en Juan 2:19-22, cuando habla acerca del templo:

Respondió Jesús y les dijo: Destruid este templo, y en
tres días lo levantaré. Dijeron luego los judíos: En cua-
renta y seis años fue edificado este templo, ¿y tú en tres
días lo levantarás? Mas él hablaba del templo de su
cuerpo. Por tanto, cuando resucitó de entre los muertos,
sus discípulos se acordaron que había dicho esto; y cre-
yeron la Escritura y la palabra que Jesús había dicho.

Los discípulos que caminaron con Jesucristo durante tres años y
medio creyeron lo que Él profetizó después que se levantó de los
muertos. En otras palabras, creyeron cuando vieron que se cumplió
lo que Él dijo. Jesús usó el poder de enviar la Palabra antes de tiempo para establecer el final de antemano.

No esperes que llegue la adversidad para reaccionar con tus palabras porque tú no sabes cómo vas a reaccionar. Si eres capaz de
declarar la Palabra de antemano, esa Palabra se va a encontrar contigo al final de tu problema, de tu crisis y de tu historia. Por eso es
que nadie dice la última palabra sobre ti. Ni Dios mismo tiene la
última palabra en tu vida, a menos que tú la pongas en tu boca. Él
ha dicho que te quiere dar la victoria, pero tú tienes que declararlo.

> La última palabra la
> sabe Él, pero no ocurre
> hasta que tú no la
> dices con tu boca.

La última palabra la sabe Él,
pero no ocurre hasta que tú no
la dices con tu boca. Por eso es
que tú no puedes esperar a que
lleguen los momentos difíciles
para hablar. Tú tienes que establecer desde ahora lo que va a
pasar en tu vida.

El problema que tienen muchos cristianos es que hablan de más en
medio de las crisis porque no han establecido su final de victoria

con sus propias palabras. Cristo dijo que en tres días se *levantaría*: *"…Destruid este templo, y en tres días lo levantaré"* (Juan 2:19). Después en otra ocasión dijo: *"…si el grano de trigo no cae en la tierra y muere, queda solo; pero si muere, lleva mucho fruto"* (Juan 12:24).

Todo el tiempo Él declaraba lo que iba a ocurrir. Lo estuvo diciendo por tres años y medio. Él no estuvo profetizando Su Vía Dolorosa; estuvo profetizando Su salida de la Vía Dolorosa. Cuando haces declaraciones como esta, estás profetizando tu salida del momento difícil. Más vale que hayas lanzado la Palabra antes de entrar a la Vía Dolorosa porque después no vas a saber qué decir, qué hablar, cómo contestar, ni cómo comportarte. Pero si sabes que lo que está ocurriendo es para tu bien y tu victoria, y que hay una Palabra que te espera al otro lado, podrás tomar autoridad sobre tu vida.

¿Por qué Cristo se tardó cuatro días en llegar a la tumba de Lázaro? Porque Él sabía que Lázaro no iba a morir. ¿Cómo lo sabía? Porque cuatro días antes, Él dijo: *"Esta enfermedad no es para muerte"* (Juan 11:4). Él lo dijo en el momento que lo podía decir. Cuando llegó allí, lo que hizo fue llamar aquella Palabra que había estado gravitando sobre Lázaro. No importaba la condición presente ni lo que estaba pasando, había una Palabra que había sido declarada.

Lo mismo pasó con la hija de Jairo, cuando iba de camino a casa de Jairo. La niña murió y Jesús le dijo a Jairo: *"No temas; cree solamente, y será salva"* (Lucas 8:50). Después, cuando entró a la casa, volvió a enviar la Palabra y dijo: *"…No lloréis; no está muerta, sino que duerme"* (Lucas 8:52). Esto fue lo mismo que pasó con el centurión romano cuando Cristo envió la Palabra de sanidad al criado de aquel hombre (Mateo 8:5-13). Si fe tuvo Cristo, fe tuvo el centurión. El centurión se fue de la presencia de Cristo creyendo que el milagro estaba hecho y dice la Biblia que cuando llegó a su casa, su sirviente estaba sano. Él salió de la presencia de Cristo confiado de que cuando llegara a su casa, se encontraría con el resultado de aquella Palabra.

Si tú quieres cruzar la adversidad, si quieres ser capaz de tener autoridad sobre tus palabras, es importante que desde hoy comiences a declarar cuál va a ser tu resultado final. Declara cuál será el futuro de tu matrimonio, de tu casa, de tu hogar, de tus hijos, de tus finanzas, de tu cuerpo, de tu vida. Tienes que comenzar a creerlo y declararlo en el nombre poderoso de Jesús, y a lanzar esas palabras al aire, al mundo espiritual. En medio de la crisis, en medio de la dificultad, tú tienes que tener la esperanza de encontrarte con eso. Jesús sabía, porque lo había dicho una y otra vez, que al tercer día se iba a levantar. El momento cuando tienes autoridad sobre tus emociones y tus pensamientos, es el momento de declarar y de profetizar.

> El momento cuando tienes autoridad sobre tus emociones y tus pensamientos, es el momento de declarar y de profetizar.

Habemos personas que oramos antes de la crisis para cuando llegue la crisis. La Biblia dice que la oración eficaz es la que trae resultados. Es quien sabe orar quien obtiene resultados. Hay personas que quieren orar cuando están en crisis, y se pasan la vida tratando de orar para que Dios las saque fuera de las cosas que tienen que enfrentar. Yo prefiero personas que se van a orar, se bajan del monte, deciden enfrentar su situación, y se van a la cruz seguros de que al tercer día Dios cumplirá lo que les prometió.

¿Qué estás diciendo hoy de tu futuro, de tu vida, de lo que va a pasar? Cuando estás en momentos de calma es cuando tienes que enviar la Palabra. Cuando estás en momentos de quietud, que tienes control sobre tus pensamientos, es cuando tienes que empezar a declarar lo que va a suceder. Declara la Palabra. Envía la Palabra. El final va a ser de victoria.

Declara siempre Romanos 8:28: *"Y sabemos que a los que aman a Dios, todas las cosas les ayudan a bien…"*. Decláralo 10 veces al día. Hay personas que cuando llega el momento difícil, quieren declararlo y creerlo. ¡No! Tú lo declaras y lo crees antes. Cuando llega la adversidad, camina para encontrarte, no con el final que la adversidad dice que vas a tener, sino con el final que tú has establecido por medio de la Palabra. Declara la Palabra.

6

CONÉCTATE CON TU ESPÍRITU

Quiero darte unas guías para que cuando entres en un momento de adversidad, puedas hacer un análisis de lo que está ocurriendo, internalizarlo, aprovechar el momento para tu crecimiento espiritual y recibir lo que Dios quiere para tu vida. Si tomas estas palabras prácticas como un proceso de acción, en el momento que llegue una adversidad a tu vida podrás tener un mayor control, autoridad y éxito en medio de tus dificultades.

La adversidad siempre va a venir. Es un reto y es parte del crecimiento. Te pone en una posición importante en la que tú nunca habías estado.

Leamos Marcos 2:18-22:

> *Y los discípulos de Juan y los de los fariseos ayunaban; y vinieron, y le dijeron: ¿Por qué los discípulos de Juan y los de los fariseos ayunan, y tus discípulos no ayunan? Jesús les dijo: ¿Acaso pueden los que están de bodas ayunar mientras está con ellos el esposo? Entre tanto*

que tienen consigo al esposo, no pueden ayunar. Pero
vendrán días cuando el esposo les será quitado, y enton-
ces en aquellos días ayunarán.

No es la tradición ni la religión las que determinan cuándo debemos hacer las cosas. Mira dónde los lleva el Señor luego de decir
eso.

Nadie pone remiendo de paño nuevo en vestido viejo;
de otra manera, el mismo remiendo nuevo tira de lo
viejo, y se hace peor la rotura. Y nadie echa vino nuevo
en odres viejos; de otra manera, el vino nuevo rompe los
odres, y el vino se derrama, y los odres se pierden; pero
el vino nuevo en odres nuevos se ha de echar.

Jesús hace aclaraciones muy importantes. No solo está explican-
do por qué ellos no hacen ciertas cosas, sino que les está diciendo:
Estamos en otro tiempo, en otra tarea. Estoy con mis discípulos
trabajando en algo, yo no puedo tener estas personas ayunando
mientras caminamos por el desierto, tratando de conquistar todo
esto. Llegará el momento cuando ellos tendrán que ayunar, pasar
por todo ese proceso, pero ahora en la etapa donde estamos, no se
puede hacer eso.

SÉ FLEXIBLE PARA RECIBIR LO NUEVO DE DIOS

Jesús también les explica con respecto a la tradición: "Yo no puedo
enseñarle a todo el mundo las cosas nuevas, no todo el mundo está
listo, no todo el mundo está preparado" (Marcos 2:22, interpreta-
ción del autor). ¿Por qué razón? Todo lo nuevo trae presión. Todo
lo nuevo de Dios para tu vida requiere de tu flexibilidad interna, de
tu flexibilidad mental, para que seas capaz de recibir lo que Dios

tiene para ti. Cuando alguien me dice "no estoy viendo nada nuevo de Dios", no necesariamente quiere decir que esté en pecado, ni que Dios no tenga algo nuevo para esa persona. Puede ser que Dios no haya encontrado en ella la flexibilidad interna necesaria para depositar lo nuevo que Él tiene para su vida.

Hay personas que son rígidas en sus pensamientos, en sus paradigmas y en su manera de pensar, pero le dicen a Dios que quieren cambios. Por ejemplo, Dios les cierra la puerta del trabajo. A lo mejor te despidieron porque le estás pidiendo a Dios un cambio y tú nunca ibas a salir de allí si no te despedían. Tal vez de repente las personas que tú quieres no están al lado tuyo. Entras en momentos de dificultad. A veces le pedimos a Dios ciertas cosas que no estamos preparados para recibir, y la verdad es que Dios no te va a conceder lo que no puedes recibir.

> Dios no te va a conceder lo que no puedes recibir.

Dios no le pidió a Abraham su hijo, el día que lo conoció. Se lo pidió después de muchos años de relación porque solo se le pide algo así a un amigo que te entiende. ¿Por qué? Porque Dios entendía que la mente de Abraham estaba lista para recibir la presión interna que viene al recibir algo nuevo de parte de Dios. Es imposible enfrentar la adversidad, es imposible enfrentar los retos, si no desarrollamos en nuestro interior la flexibilidad espiritual, mental y emocional para permitir que lo nuevo que Dios quiere darnos haga la presión necesaria para expandirnos hasta poder sostener lo que Dios quiere traer.

El segundo principio del capítulo 2 de Marcos no es tan solo de la necesidad de tener la flexibilidad para prepararse a recibir lo nuevo, sino de saber que Dios está ocupado de que no se pierda el vino; que no se pierda lo que Él quiere dar o poner en nosotros. Entonces ¿de qué sirve si echamos a perder el vino y el odre?

Si queremos crecer en nuestra relación íntima con Dios y en todo lo que Dios tiene para nosotros, entonces tenemos que llegar a un punto donde nuestra mente, espíritu, corazón y emociones, sean estirados, estremecidos y movidos a un nuevo nivel. Debemos tener la flexibilidad para permitirle a Dios que deposite en nosotros esas cosas nuevas que nos van a provocar el ensanchamiento espiritual, y poder disfrutar lo nuevo que Dios tiene para cada uno de nosotros.

Tienes que cancelar toda mente rígida, todo pensamiento negativo del pasado, todo paradigma del ayer. Puede ser que lo que aprendiste hace cinco años en la iglesia fue bueno para aquel momento, pero hoy estás en otra etapa de tu vida. Cristo les explicó a los discípulos de Juan y a los fariseos que Sus discípulos no tenían que ayunar por la misma razón que la mujer que se va a casar no ayuna. Ella está de fiesta con su esposo. Los discípulos lo tenían a Él, no existía la necesidad para ayunar. Los discípulos de Jesús estaban en otra etapa. Si los otros lo hubiesen reconocido a Él como el Cristo, tampoco hubiesen tenido que estar ayunando.

> Tienes que cancelar toda mente rígida, todo pensamiento negativo del pasado, todo paradigma del ayer.

Lo mismo pasó cuando aquella mujer derramó el pote de alabastro, que Judas dijo que se pudo haber vendido para darlo a los pobres (Juan 12:1-8). ¿Qué le dijo Cristo? *"...porque a los pobres siempre los tendréis con vosotros, pero a mí no siempre me tendréis"* (Juan 12:8). Concluimos que el mensaje fue: "No pierdas el tiempo. Por la rigidez del pensamiento estás perdiendo de vista que Yo estoy aquí. Estás pasando por alto que esta mujer se ha anticipado a los tiempos. Esta mujer me está preparando para mi sepultura, me está preparando para lo que va a suceder. Todos ustedes se lo están perdiendo, simplemente por estar pensando en cosas que no deberían estar pensando".

Ante los momentos de adversidad, lo primero que hacemos es volver a nuestras viejas estructuras y a nuestro viejo carácter. Cuando llegan momentos difíciles, reaccionamos a la manera antigua. Hay personas que afirman ser cristianos, pero de vez en cuando actúan bajo la carne, y tienen que volver a reclamar 2 Corintios 5:17: *"De modo que si alguno está en Cristo, nueva criatura es; las cosas viejas pasaron; he aquí todas son hechas nuevas".*

De vez en cuando quiere volver a salir ese viejo carácter, quieres volver a hacer eso que hacías antes, quieres salir corriendo y abandonarlo todo. Sientes que no puedes resistir el momento difícil ni el momento de presión. De vez en cuando quiere volver a salir esa vieja naturaleza que está ahí. Pablo te entiende cuando dice: *"…¿quién me librará de este cuerpo de muerte?"* (Romanos 7:24)

Pablo se refería a la carne, eso que te dice que tú quieres hacer algo que sabes no debes hacer.

> *Porque lo que hago, no lo entiendo; pues no hago lo que quiero, sino lo que aborrezco, eso hago. Y si lo que no quiero, esto hago…De manera que ya no soy yo quien hace aquello, sino el pecado que mora en mí. Y yo sé que en mí, esto es, en mi carne, no mora el bien; porque el querer el bien está en mí, pero no el hacerlo. Porque no hago el bien que quiero, sino el mal que no quiero,*

eso hago. Y si hago lo que no quiero, ya no lo hago yo,
sino el pecado que mora en mí (Romanos 7:15-20).

Pablo te dice que tú y yo tenemos que cargar con este muerto toda la vida, y vas a tener que vencer ese muerto, crucificarlo más de 10 o 50 veces, reconciliarte 500 veces con el Señor, bautizarte 10 veces, porque a todos nos toma dejar esa vieja naturaleza que quiere volver a salir ante la adversidad. Las personas se convierten y entonces esperan que la iglesia les resuelva los problemas. ¡Están equivocados! La iglesia está para enseñarte, con la Palabra de Dios, cuál es tu autoridad como creyente, y que puedas resolver tus problemas con la sabiduría divina. Cuando esto ocurre, comienza una transición dentro de ti que te permite la flexibilidad necesaria para recibir lo nuevo que Dios tiene para tu vida.

Yo he tenido varias experiencias con el Señor y hay una que siempre recordaré. Cuando uno es nacido y criado en el evangelio, los padres, maestros y pastores juegan un papel sumamente importante en enseñar a uno en el camino del Señor. Luego uno crece, empieza a estudiar la Palabra y comienza a cuestionar muchas ideas. Una vez le preguntaba al Señor sobre un tema en particular. Estaba en un centro comercial con mi familia. Me senté en el pasillo a esperar que mi familia comprara, y se sentó a mi lado esta mujer a quien nunca había visto. Comenzó a hablar y a hacerme las mismas preguntas que yo le estaba haciendo al Señor. Conversaba con ella y ella empezó a responderme. De repente, me preguntó: "¿Usted cree que esto puede ocurrir?". Mi respuesta fue un tajante "No". No hice más que decir "no" y ella se levantó y me dijo: "Todavía no estás listo". Se fue. Nunca supe quién fue. No me dio un tratado, no me dio una tarjeta. Para mí, eso fue Dios en un ángel, una persona para enseñarme algo específico ese día.

Comparto esto porque lamentablemente a veces no estamos listos en nuestro interior para recibir todo lo que Dios tiene para nosotros. Lo que tú aprendiste hace diez años fue bueno en ese tiempo, pero no necesariamente es lo que Dios tiene para tu vida hoy. En medio de la adversidad, una de las cosas más importantes a las que debes estar alerta es al momento preciso cuando Dios pueda poner dentro de ti una nueva revelación que te lleve a una nueva dimensión.

En medio de la adversidad, después que logres tu paz interior, expreses lo mejor de ti, seas flexible, digas las palabras correctas y esperes encontrarte con la Palabra de victoria que declaraste antes de la crisis, prepárate para recibir lo que Dios tiene para ti, siguiendo estos pasos:

1. Despierta tu espíritu y conéctate con Él. Lamentablemente, lo primero que hacemos cuando llegan los momentos difíciles es conectarnos con las emociones. Es normal que la primera reacción sea emocional, pero tan pronto se activen tus emociones, tu primera decisión consciente debe ser desde tu espíritu, tomando autoridad sobre tu mente para que puedas recibir lo que Dios tiene para ti.

Haz esta oración:

> Espíritu Santo, toma control de mi mente y mis emociones, me hago consciente de que Tú, que levantaste a Cristo de los muertos, moras en mí.

Si no lo haces, le permites a tu mente tomar control en la adversidad, y tu mente nunca va a querer dejar de ser lo que tu mente ya es. Recuerda que tu mente no conoce el nuevo "yo" que Dios quiere que tú seas. Tu mente conoce tu viejo "yo", y quiere tan solo a tu viejo "yo" controlando tu vida. Por eso en medio de la adversidad, lo primero que tienes que hacer es tomar autoridad activando tu espíritu.

En muchas ocasiones la Bibia te dice: *"Despiértate, tú que duermes, Y levántate de los muertos, Y te alumbrará Cristo"* (Efesios 5:14). ¡Despiértate! Tal vez estás dormido y no acabas de despertar en medio de las circunstancias. Lo que está en control son tus emociones, tus pensamientos y tu mente. No te das cuenta de que lo primero que tienes que activar es tu espíritu. Tu espíritu se activa hablando la Palabra. Puedes decir así:

> Yo declaro que mi espíritu está activo, es consciente y está listo. Yo estoy listo para lo que Dios tiene para mí. Tomo control sobre mi mente y mis emociones. Llevo todo pensamiento negativo, cautivo a la obediencia de Cristo, me preparo y estoy alerta a lo que está sucediendo.

2. Entiende que lo que parece real, no lo es. Pablo lo dice de esta manera: *"...lo que se ve fue hecho de lo que no se veía"* (Hebreos 11:3). Así que lo que tú estás viendo no es lo que es real. Todo lo que ves es temporero, mas lo que no ves es eterno. El problema que tú ves es temporero. Un problema se puede volver eterno si la razón del problema es espiritual, y tú no la descubres. En ese caso, siempre tendrás el mismo problema, no porque el problema sea eterno, sino por la razón del problema. Internaliza en tu espíritu que lo que ves no es la realidad. No es que vayas a convertirte en un irracional; es que pienses que lo que estás viendo ante ti no es lo único que puede pasar en tu

> Todo lo que ves es temporero, mas lo que no ves es eterno.

vida. Hay algo que Dios quiere enseñarte en medio del proceso que estás atravesando. Tú tienes que entender que esa no es la realidad; que la realidad es una espiritual, más grande y más poderosa.

3. Aprende a ser tú mismo en medio de las dificultades. Cuando llega la adversidad, las emociones empiezan a controlarte y comienzas a crear una imagen distorsionada de quién eres, y de lo que tendrías que cambiar. Empiezas, basado en emociones, a tratar de ser lo que no eres. No te das cuenta de que precisamente lo que tú eres es lo único que Dios puede usar para ayudarte a superar la situación. Cuando Dios te llama, Él te llama como tú eres y de donde estás. Cuando salgas de esa adversidad, no vas a ser el mismo porque tendrás una experiencia que te habrá transformado. Pero tienes que sentirte cómodo contigo mismo para ver que tienes dentro de ti toda la capacidad del mundo para enfrentar el problema.

Ante la dificultad, también creamos un tumulto de emociones sobre lo que debimos o no debimos hacer. No hay tiempo para eso. Lo único que posees es lo que tienes en el día de hoy; eso es lo único que Dios puede usar. Así que tú tienes que aprender a ser tú mismo en medio de la crisis porque Dios no va a esperar a que tú seas algo diferente para darte la victoria.

Dios no cambió a David para darle la victoria sobre Goliat. Dios usó lo que era David, un pastor de ovejas ungido para ser rey. Todo lo que Dios necesitaba era una piedrecita ungida porque más vale una piedrecita ungida con la dirección del Dios

> En medio de mi tormenta, de mis problemas, de mis errores, Dios puede usarme para darme la victoria.

Todopoderoso, que una lanza de un soldado muy preparado que no tiene el respaldo de Dios.

Cuando llega la adversidad, tú tienes que pararte firme y decir: Dios me ha dado lo necesario para enfrentarme a este problema. Yo tengo todo lo que necesito y todos los recursos. Dios va a hacer de esto algo grande y poderoso. En medio de mi tormenta, de mis problemas, de mis errores, Dios puede usarme para darme la victoria. Y eso es un testimonio. Lo que es testimonio es que Dios puede usar lo poco y lo sencillo para hacer algo grande. Pablo dice:

> *sino que lo necio del mundo escogió Dios, para avergonzar a los sabios; y lo débil del mundo escogió Dios, para avergonzar a lo fuerte* (1 Corintios 1:27).

Por eso es que Dios te escogió a ti y me escogió a mí, para demostrarle al mundo que no se trata de lo exterior; se trata de que en Sus manos lo necio Él lo hace sabio, y lo débil Él lo hace fuerte. Tú tienes que ser tú en medio de las circunstancias, y dejar que Dios use lo que tú eres. Tratamos de adoptar, intentar y probar tantas cosas a nuestro alrededor, sin darnos cuenta de que nuestro recurso más grande somos nosotros mismos, y eso es lo que Dios quiere usar.

4. Siempre recuerda que hay la posibilidad de que necesites corrección de algo en tu vida. Puede haber algo que tengas que corregir, arreglar, cambiar o mejorar. Sí, Dios va a usar quien tú eres. No te menosprecies, pero tiene que haber en tu interior ese espacio para decir "yo voy a ser corregido, yo voy a ser transformado a través de este momento difícil". Si eres capaz de pasar por este proceso que te he dicho, si lo puedes analizar, recibir e internalizar, entonces Dios puede depositar en tu vida las cosas nuevas.

Todo lo nuevo de Dios requiere flexibilidad en tu vida. Todo lo nuevo de Dios requiere que Él pueda estirarte a un nuevo nivel, sacarte de tus viejas creencias y de tus viejos pensamientos. Cuando eres capaz de eso bajo la dirección del Espíritu de Dios, podrás recibir todas las cosas que Él tiene para ti. Lo que tú has visto hoy no se compara con lo que Él tiene para ti. Hay vino nuevo para ti, vino nuevo para tu vida. Hay revelaciones nuevas, ideas nuevas, pensamientos nuevos, relaciones nuevas, retos nuevos, éxitos nuevos. Hay cosas poderosas que Dios tiene para ti; oportunidades que tú jamás habías pensado. Es un mundo de posibilidades y Dios lo tiene abierto para ti. Lo único que Él necesita es que tú seas capaz de permitir que cuando Él lo ponga dentro de ti , esa revelación comience a expandirte, a estirarte y a elevarte a una nueva dimensión para que puedas sostener lo que Él quiere poner en tu vida.

> Hay cosas poderosas que Dios tiene para ti; oportunidades que tú jamás habías pensado.

A partir de ahora, no se trata de saber por qué no te han amado. Se trata de saber que eres el hijo amado de Dios. No se trata de saber por qué te traicionaron. Se trata de saber cómo escoger nuevas relaciones para que eso no te vuelva a suceder. No se trata de saber por qué perdiste tanto dinero, por qué fracasaste en algo. Se trata de saber cómo no volverlo a hacer, cómo ser flexible para ver lo que Dios tiene para tu vida. ¿De qué te vale rebuscar el pasado? Te deja atado a algo que tú no eres, y no es lo que Dios quiere que tú seas.

Quizás las respuestas que deseas están listas, pero tu corazón no está listo. Dile: "Señor, yo estoy listo en esta hora. Y si no lo estoy, prepárame. ¿Qué me quieres mostrar, qué me quieres enseñar? Prepárame para verlo y entenderlo. Prepárame para poderlo recibir".

Mira hacia adelante, hacia el futuro, hacia lo que Dios tiene para ti. Despierta a la realidad de las cosas nuevas que Dios tiene para tu vida. Despierta a la realidad de lo que Dios va a hacer. Despierta a la realidad de que por más conflictos que tengas en tu pasado, Dios puede hacer algo glorioso en tu vida. Lo único que tienes que saber de tu pasado es que Dios puede hacer algo poderoso en el nombre de Jesús.

7

APRENDE A APRENDER

Pastora Omayra Font

Una de las cualidades más importantes que puede tener un ser humano es el interés y la disposición de aprender de cualquier situación, incluyendo la adversidad. A la vida de todos nosotros llegarán retos y momentos de dificultad. Nadie está exento. No me gustan las telenovelas, pero en ellas, la protagonista pasa toda la novela sufriendo y en los últimos tres minutos le devuelven a sus hijos, le enseñan quiénes son sus padres y recibe la fortuna que le pertenecía. Tiene solo tres minutos para ser feliz en la novela. Por el contrario, los malos de la novela disfrutan toda la novela, tienen todas las victorias y relativamente todo les sale bien.

Desafortunadamente, este tipo de presentaciones entra en el consciente y el subconsciente, y nos llevan a pensar que son los impíos quienes tienen las riquezas, que son las personas que hacen las cosas mal las que obtienen buenos resultados. Una de las cosas que se nos hace difícil, especialmente a los pastores que hemos recibido revelación acerca de la prosperidad, es enseñarle a la iglesia que las riquezas de los impíos están guardadas para los justos. Nosotros tenemos que entender que hay promesas y bendiciones que Dios tiene específicamente para nosotros. Tú te preguntas: ¿Por qué los impíos tienen las riquezas?

Lo mismo sucedía con la tierra prometida. Alguien tenía que cuidar aquella tierra hasta que el pueblo de Dios entrara allí. Cuando te pones de pie y reclamas aquellas cosas que Dios tiene guardadas, decretadas para ti, entonces salen de las manos equivocadas y llegan a las manos correctas. Pero para llegar a esos momentos importantes donde ascendemos a nuevos niveles y entramos en nuevas áreas, siempre vamos a tener adversidad. A veces estamos en contra de los juegos electrónicos, queremos que nuestros hijos salgan afuera a jugar, practiquen deportes, y se despeguen del televisor. Sin embargo, hay algo interesante que podemos aprender de los juegos electrónicos. Cuando juegas uno de ellos, casi siempre está dividido por tablas o niveles. Para llegar a un próximo nivel, siempre hay que matar a un monstruo especial o hacer algo que nos toma 1, 2, 3, 4 y hasta 5 intentos para poder lograrlo y poder movernos al próximo nivel. En la vida, hay que enfrentar algo o aprender algo para pasar al próximo nivel.

> Cuando reclamas aquellas cosas que Dios tiene decretadas para ti, salen de las manos equivocadas y llegan a las manos correctas.

Espiritualmente hablando, la unción empieza en la cabeza de la iglesia, y las experiencias que pasan los feligreses en una congregación son reflejos de las experiencias que los pastores han tenido que enfrentar. Quiero que leas 1 Pedro 5:8:

> *Sed sobrios, y velad; porque vuestro adversario el diablo, como león rugiente, anda alrededor buscando a quien devorar;*

No podemos huir del enemigo, no podemos huir de los problemas, no podemos escondernos de ellos. Muchas veces nos toca aprender a enfrentarlos.

> *al cual resistid firmes en la fe, sabiendo que los mismos padecimientos se van cumpliendo en vuestros hermanos en todo el mundo* (1 Pedro 5:9).

En una de las visitas que nos hizo el Reverendo Ayo Oritsejafor, los primeros años que empezamos a pastorear nuestra iglesia en Carolina, Puerto Rico, le compartimos sobre los retos que estábamos enfrentando. El Pastor Ayo nos dijo algo muy sabio: "Otoniel, *el diablo es el mismo diablo dondequiera*. Los problemas que tú tienes aquí son los mismos problemas que yo tengo en Africa; son los problemas que tenemos todos en todas partes".

Tenemos que aprender que los problemas no solo nos suceden a nosotros. Es muy típico en los que vivimos en una isla pensar que somos el centro del universo y que todo se mueve alrededor de nosotros. Hay algunas personas así, que piensan que el planeta Tierra gira alrededor de ellas. Cuando enfrentan un problema, piensan que a nadie en el mundo le ha pasado como a ellos. El de ellos ha sido el más difícil y ellos han sufrido las condiciones más extraordinarias.

En la Biblia nos lo dice Pedro: *"los mismos padecimientos"*, las mismas complicaciones. Yo he tenido muchas veces la oportunidad de estar delante de mujeres, esposas de gobernadores, mujeres gobernadoras, esposas de alcaldes, alcaldesas, pastoras, mujeres muy finas, muy educadas que han alcanzado grandes cosas para el Señor y tú me preguntarás de qué hablamos. Pues quiero que sepas que hablamos de lo mismo que tú hablas con tu vecina: de nuestros hijos, nuestros esposos, nuestro trabajo, nuestra casa... No hay más allá.

Debemos salir de esa mentalidad de creer que nuestros problemas son los más difíciles y extraordinarios . Los mismos padecimientos se van cumpliendo en vuestros hermanos en todo el mundo; en Puerto Rico, en Bolivia, en los Estados Unidos. Puerto Rico tiene un problema tremendo de éxodo. Tenemos que quitarnos de la mente que las cosas están mejor en otro lugar. Tenemos que entender que nuestro ambiente lo creamos nosotros. En medio de los problemas económicos, Dios puede levantarte como un pilar. Dios puede darte el negocio más grande. Dios puede prosperarte aun en medio de las peores circunstancias. Podemos prosperar. Podemos echar hacia delante. Nuestro Dios es dueño del oro y la plata. Él es quien abre oportunidades sobre nuestra vida.

> Dios puede prosperarte aun en medio de las peores circunstancias.

Dios sigue prosperando a Sus hijos. Si tú eres un empresario, por favor, no recibas en tu espíritu ninguna palabra negativa acerca de la economía. Claro que los empresarios cristianos tenemos retos y las familias tienen retos. Hay millones de amenazas sobre nuestros hijos, pero los padres que hemos creído que el

Espíritu Santo es quien convence de pecado, de justicia, y de juicio, está alrededor de nuestros hijos cuidándolos, guardándolos y protegiéndolos. No podemos amedrentarnos con las cosas que están sucediendo en el mundo. Nosotros estamos en este mundo, pero no somos de este mundo. A nosotros nos gobierna otro reino, el reino de nuestro Padre Celestial.

Todos nuestros hijos cristianos y los hijos de los impíos tienen los mismos padecimientos. A todos nos toca levantarnos y a todos nos toca creer por igual.

> *Mas el Dios de toda gracia, que nos llamó a su gloria eterna en Jesucristo, después que hayáis padecido un poco de tiempo, él mismo os perfeccione, afirme, fortalezca y establezca* (1 Pedro 5:10).

Por eso hay experiencias que no podemos orar para salir fuera de ellas. Hay experiencias que nos toca enfrentar y aprender de ellas. Y cuando las hayamos pasado, Dios mismo nos perfecciona, afirma, fortalece y establece. Son cuatro palabras muy importantes que Dios hace cumplir en nuestra vida cuando padecemos por un poco de tiempo.

1. Dios nos perfecciona. La palabra "perfecciona" es bien especial porque es la palabra griega *katartizó*, que significa moldear una piedra hasta que cabe en un lugar perfectamente. Una de las cosas que tienes que entender cuando enfrentamos adversidades es que los que estamos en el Señor hemos sido moldeados a la perfección para estar en ese lugar, a esa hora y en ese momento. Hay algunos que alegan que pueden pasar por cualquier situación, pero también dicen: "yo todo menos eso, porque para eso no estoy preparado". Mientras tanto, no te has dado cuenta de que Dios te está moldeando. Dios ha estado limándote, Dios ha estado preparándote para cuando pases por una situación, todo caiga en su lugar.

Por eso cuando damos testimonio, decimos: "Yo no sé cómo yo pasé por eso, yo sé que todo fue perfecto". Fue en el momento que tenía que ser, a la hora que tenía que ser, el día que tenía que ser porque somos perfeccionados y amoldados para ciertas situaciones .

2. Dios nos afirma. La palabra "afirma" es la misma palabra que se utiliza en Lucas 9:51 cuando dice: *"Cuando se cumplió el tiempo en que él había de ser recibido arriba, afirmó su rostro para ir a Jerusalén".* Afirmar no quiere decir que nos van a plantar en un solo lugar. Quiere decir que nos vamos a poder enfocar hacia la dirección a donde vamos sin tener que salirnos del camino. Uno de los problemas que muchas veces enfrentamos ante la adversidad es que nos saca de nuestro camino. Cuando tú permites que Dios te perfeccione y te afirme, lo que significa es que te vas a mantener enfocado en la meta, o en lo que está adelante.

El Pastor y yo alzamos pesas, como parte de nuestra rutina de ejercicios. Muchas veces mientras lo hago tiendo a mirarme los pies, y mirar si las pesas están en el medio. Entonces el entrenador tan pronto se da cuenta me dice: "Mira hacia el frente". Mientras tú estás mirando hacia el frente, todo el cuerpo se acomoda. Los que practican el arco y la flecha, por ejemplo, saben que tienen que mirar hacia el frente, no el arco. Deben mirar hacia donde la flecha tiene que caer. Tú tienes que mantenerte mirando hacia el frente, sin distracción, hacia el futuro que te espera, sin mirar hacia atrás ni hacia los lados.

3. Dios nos fortalece. Dice la Biblia en Efesios 3:16 que Él nos fortalece con poder: *"para que os dé, conforme a las riquezas de su* *gloria, el ser fortalecidos con poder en el hombre interior por su Espíritu*". Ante un problema, ante una adversidad, tú dices: "Yo he sido perfeccionado para esto, yo he sido afirmado. Mi mente, mi vida y mi enfoque van a estar en el lugar correcto porque he sido fortalecido con poder".

4. Dios nos establece. Efesios 3:17 lee: *"para que habite Cristo por la fe en vuestros corazones, a fin de que, arraigados y cimentados en amor"*. A eso es que se refiere "establecer"; a ser cimentados.

Ve conmigo a Hebreos 4:14:

> *Por tanto, teniendo un gran sumo sacerdote que traspasó los cielos, Jesús el Hijo de Dios, retengamos nuestra profesión.*

Tú tienes que entender que no eres el único que experimentas esa situación. La diferencia entre otros y tú es que Dios te perfecciona, te afirma, te fortalece y te establece. Pero la Palabra dice que tenemos que retener nuestra profesión.

> *Porque no tenemos un sumo sacerdote que no pueda compadecerse de nuestras debilidades, sino uno que fue tentado en todo según nuestra semejanza, pero sin pecado* (Hebreos 4:15).

Tenemos un sumo sacerdote que puede compadecerse de nosotros porque si tú has sido tentado, Él ha sido tentado. La diferencia es que Él fue tentado sin pecado. Por eso nos dice:

> *Acerquémonos, pues, confiadamente al trono de la gracia, para alcanzar misericordia y hallar gracia para el oportuno socorro* (Hebreos 4:16).

Ese verso donde dice que nuestro sumo sacerdote puede compadecerse de nosotros porque Él entiende nuestras debilidades, situaciones, retos, tentaciones, porque Él mismo las pasó. Esto muestra una imagen muy diferente al Dios distanciado que muchas veces nos presentan otros autores de la Biblia, especialmente aquellos del Antiguo Testamento. Aquel Dios se describía distanciado porque era el Dios que estaba bajo el viejo pacto. Cuando Cristo rasgó el velo en su sacrificio en la cruz del Calvario, dio acceso a un Dios que se nos acerca, nos ama y nos perdona, y tenemos acceso directo a Él.

Algunas iglesias presentan a un Dios distanciado del pecador, cuya perfección es tan perfecta que lo hacen inalcanzable para nuestra vida. Nos presentan a un Dios que es un tirano, que castiga, que es soberbio, desconsiderado y super-estricto. Tú tienes que entender que el Dios al que tú y yo le servimos envió a Su Hijo aquí a la tierra y Su Hijo padeció, luchó, batalló, fue tentado como nosotros somos tentados, batallamos y luchamos todos los días. Por eso es que tenemos un sumo sacerdote que puede compadecerse de nuestros padecimientos.

Cuando estás angustiado, Dios sabe que estás angustiado. Cuando estás entristecido, Dios sabe que estás entristecido. Cuando estás ante una encrucijada, Dios sabe la encrucijada ante la cual tú te encuentras y no solo la sabe; la entiende. En ocasiones en nuestra vida, parece como si fuéramos a fallar, pero podemos sobrellevar todas las tentaciones que vengan porque no le servimos a un Dios que es un tirano, que está a la distancia y no se compadece de nosotros. El Dios a quien nosotros le servimos entiende cada padecimiento que tenemos.

Él conoce las tentaciones. Él conoce las batallas. Él conoce las encrucijadas. Él conoce la indecisión porque estuvo parado frente a ella, pero a diferencia de muchos de nosotros, venció por encima de ellas y es un gran ejemplo para nosotros. Nuestra cercanía a Dios está basada en la comprensión que Él tiene de nuestras situaciones. En Dios recibimos compasión, ya que Él vino a morir por nuestros pecados porque entendía los retos a los que nosotros nos enfrentamos. Y vino a morir para darnos salvación, redimirnos, darnos vida eterna, darnos el título de hijos conectándonos al Padre.

Veamos Hebreos 5:1-4, siguiendo el mismo pensamiento:

> *Porque todo sumo sacerdote tomado de entre los hombres es constituido a favor de los hombres en lo que a Dios se refiere, para que presente ofrendas y sacrificios por los pecados; para que se muestre paciente con los ignorantes y extraviados, puesto que él también está rodeado de debilidad; y por causa de ella debe ofrecer por los pecados, tanto por sí mismo como también por el pueblo. Y nadie toma para sí esta honra, sino el que es llamado por Dios.*

Este pasaje insiste en la labor de nuestros sacerdotes a favor nuestro, y destaca la importancia en la presentación de la ofrenda. Por eso es muy importante que nosotros aprendamos dónde depositar nuestras ofrendas. Algunas veces las dividimos, usamos de nuestras ofrendas para ayudar a alguien o a alguna institución. Tú tienes que entender que nuestras ofrendas deben ser entregadas solo en aquellos que han sido ungidos para recibir nuestras ofrendas. Saúl perdió su ministerio porque se atrevió a presentar ofrendas cuando él no había sido ungido para hacerlo (1 Samuel 15:22-23). Presentar una ofrenda y a quién presentamos una ofrenda es algo muy serio que no podemos tomar por poco.

Uno de los problemas por los que en la Iglesia de Dios no se ha manifestado la prosperidad financiera que debería manifestarse es precisamente porque hay muchos que no han sido ungidos para el llamado, y están recibiendo las ofrendas del pueblo. El lugar donde nosotros ofrendamos tiene que ser un lugar que haya sido ungido. A mí me da mucha pena cuando encontramos personas que dicen: "Pastor, yo veo todos sus mensajes, yo me alimento con sus mensajes, yo soy una oveja suya escondida". Preguntamos: "¿Y por qué no vas a la iglesia?". La respuesta es: "Porque estoy ayudando a mi primo a levantar una obra" o "Porque estoy ayudando a un Pastor que está levantando una obra". No se dan cuenta de que el lugar donde tú recibes la Palabra, el lugar que te alimenta espiritualmente, es el lugar que está ungido para recibir tus diezmos y tus ofrendas.

Hay personas que van a decir: "Ahora entiendo por qué practico los principios financieros, y no se hacen vivos en mí". Es porque tiene que ser en el orden de Dios, y no todo lugar está ungido para recibir tus ofrendas.

> *Así tampoco Cristo se glorificó a sí mismo haciéndose sumo sacerdote, sino el que le dijo: Tú eres mi Hijo, Yo te he engendrado hoy. Como también dice en otro lugar: Tú eres sacerdote para siempre, Según el orden de Melquisedec* (Hebreos 5:5-6).

Cuando Cristo venció la tentación, se convirtió en nuestro sacerdote para siempre, según el orden de Melquisedec.

> *Y Cristo, en los días de su carne, ofreciendo ruegos y súplicas con gran clamor y lágrimas al que le podía librar de la muerte, fue oído a causa de su temor reverente* (Hebreos 5:7).

Presta atención al verso 8 porque todo lo que yo he explicado ha sido para llegar a este principio.

Y aunque era Hijo…". El título de "Hijo" implica que disfruta de privilegios que otro no disfrutan. Hijo quiere decir que tiene el acceso que otro no tiene. Que es parte del círculo más íntimo. Eso es ser un hijo de Dios, estar lo más cerca de Dios que se puede estar. "*Y aunque era Hijo, por lo que padeció aprendió la obediencia;*" (Hebreos 5:8). El verso número 2 dice: "*para que se muestre paciente con los ignorantes y extraviados, puesto que él también está rodeado de debilidad;*"

Tenemos que mostrarnos pacientes con los ignorantes y los extraviados, pero llega un momento en nuestra vida que tenemos que aprender la obediencia a Dios. ¿Para qué?

> *Y habiendo sido perfeccionado, vino a ser autor de eterna salvación para todos los que le obedecen; y fue declarado por Dios sumo sacerdote según el orden de Melquisedec* (Hebreos 5: 9-10).

No vamos a poder orar para salir de los problemas. Hay momentos en nuestra vida cuando somos ignorantes, no tenemos la educación, no tenemos toda la teología, no tenemos toda la enseñanza y dependemos literalmente de un milagro; dependemos de una intervención divina. Dependemos de que Dios haga algo o si no, es el final del camino. Pero hay otros momentos en los que no podemos depender tan solo de la misericordia de Dios. Hay momentos en la vida que los vamos a sobrepasar cuando aprendamos lo que tenemos que aprender. Entre esas cosas, tenemos que aprender la obediencia a Dios.

> Hay momentos en la vida que los vamos a sobrepasar cuando aprendamos lo que tenemos que aprender.

Hay momentos en que tenemos que aprender, y hay momentos en que hay lecciones que tenemos que enseñar. Ese es uno de los retos y responsabilidades más grandes que tenemos muchas veces los pastores.

Jesús tuvo que aprender la obediencia. Quiero darle atención a la palabra "aprender" porque es una palabra que nos encanta utilizar para nuestros niños y nuestros adolescentes, pero qué lástima cuando llegamos a nuestra vida de adultos, y ya no queremos aprender, o peor aún, pensamos que ya lo hemos aprendido todo.

Cuando hay un problema en el matrimonio, en vez de aprender algo, se va de puerta en puerta a chismosear sobre lo que le hizo, lo que le dijo y lo que sintió. Sin embargo, lo que debemos hacer es ir a una librería, buscar un buen libro sobre el matrimonio, aprender algo nuevo, meternos en la iglesia y aprender de cada uno de los mensajes.

Hay personas que se han cerrado a aprender y a recibir enseñanzas. Hay personas que has eliminado de tu vida porque te han corregido en algún área. Entonces cierras tus puertas porque vives bajo la mentalidad de que son los otros los que están mal. El problema está en ese que miramos todas las mañanas en el espejo. Algunos hemos enfrentado los mismos problemas una y otra vez porque hay algo que tenemos que aprender en nuestra vida, y hasta que no lo hagamos, no vamos a pasar al próximo nivel.

La adversidad presenta una oportunidad para aprender a manejar las crisis, aprender qué nos llevó a ella, aprender cómo salir en victoria. Pero tienes que estar dispuesto a aprender y, sobre todo, a aprender a obedecer lo que Dios te instruya cuando le consultes en medio de la adversidad.

8

TUS ERRORES Y TU AMOR A DIOS

"Porque siete veces cae el justo, y vuelve a levantarse;
Mas los impíos caerán en el mal" (Proverbios 24:16).

E se verso nos hace ver lo importante de creer en la posibilidad de restaurarnos, de crecer y de que la adversidad que podamos enfrentar no va a determinar nuestro futuro.

Mientras buscaba en la Biblia, vi personas que pasaron momentos difíciles, especialmente en su relación con el Señor, y a quienes Dios les dio la oportunidad de levantarse. Concluí que las personas son más duras con ellas mismas a pesar de la misericordia de Dios. A veces los cristianos, ya sea por la religión o la condenación, se ponen demasiada presión para vivir a un nivel que aún los que profesan vivirlo no lo viven.

Jesucristo les dijo a los fariseos que ellos les ponían a las personas unas cargas tan pesadas que ni ellos mismos podían mover.

Creamos una falsa idea de lo que es una relación con Dios. Entonces las personas, en vez de acercarse más a Dios, aún dentro de la misma iglesia, se alejan de Él. No justifico el pecado ni las flaquezas. Nosotros como creyentes no estamos buscando una justificación para pecar. Siempre estamos buscando una salida de nuestras flaquezas, tratando de fortalecer lo que somos, de crecer en el Señor y de madurar. Pero a veces, sin darnos cuenta, somos tan duros con nosotros mismos que perdemos la posibilidad de madurar y relacionarnos con Dios a través de los fracasos que experimentamos.

Presta atención a Mateo 4:18-20:

> *Andando Jesús junto al mar de Galilea, vio a dos hermanos, Simón, llamado Pedro, y Andrés su hermano, que echaban la red en el mar; porque eran pescadores. Y les dijo: Venid en pos de mí, y os haré pescadores de hombres. Ellos entonces, dejando al instante las redes, le siguieron.*

Cuando Jesús se encontró con los que luego se convirtieron en Sus discípulos, ellos estaban atravesando un momento de fracaso, especialmente Simón que fue llamado Pedro. En el capítulo 4 de Mateo se nos relata ese encuentro. Ellos habían echado las redes toda la noche y no habían pescado nada. Estaban frustrados. Jesús les pidió usar el barco, subió, empezó a predicar y se ganó muchos seguidores. Entonces Jesús, mientras le hablaba a la multitud de la Palabra de Dios, vio estas dos barcas en la orilla y a unos pescadores limpiando sus redes vacías. Entró en una de las barcas, la de Simón Pedro, le pidió que la retirara un poco de la tierra, y sentándose en ella continuó enseñándoles a los que le seguían. Cuando terminó de enseñar, le dijo a Simón que navegara mar adentro y echara las redes. Fue tanto y tanto lo que pescaron que dice la Palabra que la red se rompía, al punto de que tuvieron que pedir ayuda a los compañeros de la otra barca. Ambas barcas se llenaron tanto que casi se hundían. Cuando Simón Pedro vio ese milagro cayó de rodillas reconociendo al Señor, y aceptando que era un pecador. Sin embargo, las palabras de Jesús fueron: *"No temas; desde ahora serás pescador de hombres"* (Lucas 5:10).

Todos los discípulos de Jesús dejaron todo lo que tenían para seguir al Maestro; seguir a esa persona que en un instante cambió sus vidas y les demostró todo el potencial de lo que podían ser. Lo interesante es que sabemos que Jesús tuvo 12 discípulos, pero probablemente si yo te pregunto los nombres de los 12, no los conoces. Los que conoces, por lo general, siempre van a ser Pedro y Judas. ¿Por qué conocemos a Pedro y Judas? Porque cometieron grandes errores. Las personas que han estudiado la Biblia conocen de Mateo y de Juan, por los libros de la Biblia. Por lo general, conocemos a Pedro porque vemos a un hombre totalmente emocional con un carácter fuerte, y a Judas, porque fue quien traicionó al Maestro. Los conocemos, no por lo bueno que hicieron, sino por todos los momentos en que fracasaron durante su vida en el Señor.

Hagamos un recorrido en la vida de Pedro. Pedro cometió muchísimos errores en su vida y en su relación con el Señor. Fueron errores impresionantes, como por ejemplo:

+ En el libro de Lucas 22:61-62, vemos cuando Pedro quita su mirada del Maestro en aquel momento duro de la Vía Dolorosa.

   Entonces, vuelto el Señor, miró a Pedro; y Pedro se acordó de la palabra del Señor, que le había dicho: Antes que el gallo cante, me negarás tres veces. Y Pedro, saliendo fuera, lloró amargamente.

+ Vemos a Pedro siendo reprendido por Cristo en Mateo 16: 15-17 porque Cristo preguntó: "*Y vosotros, ¿quién decís que soy yo? Respondiendo Simón Pedro, dijo:* '*Tú eres el Cristo, el Hijo del Dios viviente*'. *Entonces le respondió Jesús:* '…*porque no te lo reveló carne ni sangre, sino mi Padre que está en los cielos*'".

+ Luego Cristo dijo que tenía que ser entregado y Pedro empezó a reconvenirle. ¿Qué le tuvo que decir Cristo? "*¡Quítate de delante de mí, Satanás!; me eres tropiezo*"(Mateo 16:23).

Jesús lo tuvo que reprender. Ponte a pensar lo que estaba pasando en la mente de Pedro.

+ Cuando vemos a Pedro en el momento crucial donde el Maestro estaba lavando los pies a los discípulos, Pedro no quería que Jesús le lavara los pies.

> *Pedro le dijo: No me lavarás los pies jamás. Jesús le respondió: Si no te lavare, no tendrás parte conmigo. Le dijo Simón Pedro: Señor, no sólo mis pies, sino también las manos y la cabeza. Jesús le dijo: El que está lavado, no necesita sino lavarse los pies…* (Juan 13:8-10).

+ Cuando se preparaban para el momento crucial, Cristo habló simbólicamente sobre comprar una espada, y Pedro apareció al otro día con una espada. Fue el único discípulo que apareció con una espada; tiene que haber llegado allí muy orgulloso con su espada, diciéndose, "yo fui el único que trajo la espada y los demás no". Entonces, eventualmente, cuando los soldados romanos fueron a buscar al Maestro, ¿qué hizo Pedro? Desenvainó su espada y le cortó la oreja a un soldado.

Entonces Simón Pedro, que tenía una espada, la desenvainó, e hirió al siervo del sumo sacerdote, y le cortó la oreja derecha… Jesús entonces dijo a Pedro: Mete tu espada en la vaina; la copa que el Padre me ha dado, ¿no la he de beber? (Juan 18:10-11).

Con gran probabilidad las intenciones de Pedro eran cortarle el cuello al soldado, y tal vez el soldado, tratando de protegerse, terminó perdiendo su oreja por causa de la espada de Pedro. Entonces cuando Jesús vio lo que había sucedido inmediatamente intervino y sanó a aquel soldado.

* Jesús se llevó a Pedro a orar con Él al Getsemaní y ¿cómo lo encontró? Durmiendo. Le dijo: "…*¿Así que no habéis podido velar conmigo una hora?*" (Mateo 26:40) Me lo imagino diciéndole: Pedro, ven acá, ¿no puedes ni velar conmigo? Mi alma está en angustia hasta la muerte y ¿tú no puedes velar conmigo? Piensa la frustración que podía sentir nuestro Señor Jesucristo con la persona de Pedro. Todo se fue acumulando en la vida de Pedro.

* Llegó el momento cuando la Biblia dice en Marcos 14: 66-72 que Pedro negó al Maestro en tres ocasiones, tal y como Jesús lo profetizó. Negó todo tipo de relación con el Maestro y lo maldijo. La Biblia dice que cuando negó al Maestro, Pedro lloró amargamente. Se frustró y lloró porque por primera vez, Pedro se dio cuenta de todos los errores que había cometido en su relación con el Señor.

Cuando empezamos una relación con el Señor es como cuando te casas y fracasas. No te casas para fracasar, fracasas porque no supiste manejar con sabiduría divina las adversidades que te tocó enfrentar. Lo mismo pasa en cualquier empresa, en cualquier relación.

Toda persona que inicia una relación con Dios no lo hace para no seguir a Cristo ni simplemente para pasar un rato. Piensa genuinamente que su vida puede cambiar. Pero los momentos duros, difíciles, de controversias, de revelación, de confrontación, comienzan a poner una presión sobre este tipo de persona.

Sin darnos cuenta, empezamos a cometer ciertos errores que se van acumulando, y cuando evaluamos nuestra relación con el Señor, ocurre una de dos cosas: simplemente la tomamos como algo liviano, simple, alejados de Dios, separados de Él, o caemos en una gran etapa de condenación que nos aleja del Señor.

La vida con Jesús no es una vida perfecta; vamos a tener altas y bajas. Lo grande es que, a pesar de nuestros errores, nuestra vida con Jesús nos va a llevar a hacer cosas que nunca antes habíamos hecho. Luego de haber evaluado los errores de Pedro, veamos ahora sus momentos de victoria y milagros:

+ Pedro fue el único que sacó una moneda de la boca de un pez.

+ Pedro fue el único que caminó sobre las aguas. Se hundió, pero dio unos pasos; hizo lo que Cristo hizo. Recordamos que se hundió porque siempre miramos lo que no pudimos hacer, en vez de ver los pequeños pasos de fe que damos en nuestra vida.

+ Cuando María Magdalena, junto a las mujeres, llegaron al sepulcro de Jesús para ungirle, encuentran a un ángel que les anuncia que Él resucitó y les dice: *"Pero id, decid a sus discípulos y a Pedro...* (Marcos 16:7)

La vida en el Señor no se trata de grandes pasos de fe. Se trata de pequeños pasos de fe en medio de nuestros errores, en medio de todos nuestros fracasos. El problema de las personas en la iglesia es que les cae un sentido de culpa en el corazón que en vez de acercarlos a Dios, los aleja de Él. Piensan: "Es que no oré esta semana, es que no di el diezmo el mes pasado, es que no hice esto, es que no hice lo otro, es que forniqué, cometí este error, es que no dije lo que tenía que de-

> La vida en el Señor no se trata de grandes pasos de fe. Se trata de pequeños pasos de fe en medio de nuestros errores.

cir…" Y comienzan a cargar poquito a poco su relación con el Señor.

Yo no justifico ninguna de esas acciones. Lo que estoy diciendo es que en medio de tu caminar con el Señor, en medio de tus fracasos, tú vas a ver las cosas más grandes que has hecho en tu vida. Pedro nunca salió detrás de Cristo pensando que iba a caminar sobre las aguas, pero caminó. Igualmente, tú nunca seguiste al Señor pensando en que ibas a hacer cosas imposibles. Las has logrado hacer y están mezcladas en medio del fracaso, en medio de la depresión, en medio de los errores, en medio de negar al Maestro.

Están mezcladas en medio de negar tu fe en un momento dado y en medio de momentos en que has dicho "no puedo más, no, no soy de esos", como hizo Pedro. Empezó a negar quien era, pero mira la vida de Pedro: caminó sobre las aguas. El que recibió la revelación de que Cristo era el hijo del Dios viviente fue Pedro. Esa se la dio directamente Dios.

Pedro llegó, en medio de sus fracasos, en medio de sus problemas. ¿Cuántas victorias tú has tenido en medio de tus caídas? ¿Cuántas victorias has tenido en medio de las veces que has negado al Maestro? ¿En medio de tu amargura? ¿En medio de tantas situaciones que has pasado en tu vida? ¿Cuántas victorias, cuántas cosas tú has llegado a hacer? ¿Que las personas siempre se acuerdan de lo malo que hiciste? Tú no te debes recordar eso. Tú debes estar acordándote del día que Él te reveló quién era Él para tu vida. Tú debes estar recordando el día que sacaste una moneda de un pez. Ese fue un verdadero milagro para Pedro porque Pedro era un pescador, y él tenía que pescar para ir a vender el pescado y que le dieran la moneda. Fue la primera vez que tuvo pescado y moneda. Pagó con la moneda, y todavía tenía el pescado en la mano para venderlo y tener monedas.

Pedro fue de los que vio la transfiguración de Cristo. Pedro vio la profecía cumplida cuando se unió la ley con los profetas en el monte. Estamos viendo a un hombre que en medio de sus fracasos, alcanzó grandes cosas. Lo que pasa es que a veces nuestra propia consciencia, nuestro fracaso delante de Dios, están más claros que todas las cosas que hemos logrado.

Pedro se fue otra vez a pescar, fue con sus redes, otra vez vacías. Desde la orilla, Jesús le dijo: "...*Echad la red a la derecha de la barca, y hallaréis. Entonces la echaron, y ya no la podían sacar, por la gran cantidad de peces*" (Juan 21:6). Mira lo que pasa en el verso 15:

> *Cuando hubieron comido, Jesús dijo a Simón Pedro: Simón, hijo de Jonás, ¿me amas más que éstos? Le respondió: Sí, Señor; tú sabes que te amo. El le dijo: Apacienta mis corderos.*

Cuando Él lo llamó, lo llamó primero a ser pescador de hombres. Mira el cambio de actitud y de profesión; ahora va a apacentar los corderos. Ahora es otra actitud. Ahora se trata de cuidar, de comprender, de proteger, de sostener.

La Iglesia ha sido experta en tirar carnadas para pescar, pero hacen falta más personas que apacienten las ovejas. ¿Sabes quiénes son los que mejor apacientan ovejas? Los que han fracasado y han tenido éxito en su relación con Dios. Aquellos que en su vida con Dios han tenido fracasos y victorias.

> *Volvió a decirle la segunda vez: Simón, hijo de Jonás, ¿me amas? Pedro le respondió: Sí, Señor; tú sabes que te amo. Le dijo: Pastorea mis ovejas. Le dijo la tercera vez: Simón, hijo de Jonás, ¿me amas? Pedro se entristeció de que le dijese la tercera vez: ¿Me amas? y le respondió: Señor, tú lo sabes todo; tú sabes que te amo. Jesús le dijo: Apacienta mis ovejas* (Juan 21:16-17).

Jesús se lo dijo tres veces; una por cada vez que lo negó, para que tres veces quedara cancelada en la mente de Pedro su culpabilidad. Jesús quería que en la mente de Pedro solo quedara el recuerdo del amor que Pedro sentía, más que del fracaso que había cometido. Jesús quería que Pedro supiera que Él sabía que Pedro lo amaba. Fue como decirle: Los errores que cometiste, Pedro, no se comparan con el amor que yo sé que tú me tienes. Pedro, yo no miro tus errores porque yo sé el amor que tú me tienes.

> *Simón, hijo de Jonás, ¿me amas más que éstos?* (v. 15)

La pregunta era ¿me amas más que a estas redes, que a tus barcas? ¿Me amas más que lo que tú eras antes, cuando yo te llamé? ¿Me amas o vas a permitir que tus fracasos te lleven a ser lo que eras antes en vez de ser lo que yo siempre dije que tú tenías que ser?

Y te pregunto a ti, ¿qué es lo que más tú amas? ¿Amas más a tu vieja vida o tu nueva vida? ¿Amas más lo que hacías antes o amas más al Señor que ha cambiado tu vida? Dile al Señor: "Yo te amo más".

Mientras la mente de Pedro tuviera claro que Jesús sabía cuánto él lo amaba, Pedro podía vencer cada fracaso que había en su relación con el Señor.

Piensa en tu relación con Dios en el día de hoy. ¿Tienes una relación a la distancia o has decidido mostrarle a otros que aunque en nuestra vida en Cristo tendremos fracasos Él nos ha prometido estar siempre con nosotros y darnos la victoria? Aunque el mundo siempre recuerde tus fracasos, Jesús siempre recordará cuánto tú le amas, aunque hayas fracasado. Él siempre está dispuesto a buscarte en el lugar donde has fallado.

"*Señor; tú sabes que te amo*". Esas palabras liberaron a Pedro para ser el gran apóstol, el gran hombre que Dios siempre quiso que él fuera.

Tu vida con el Señor va a sufrir fracasos, y a disfrutar grandes victorias. El mundo siempre va a recordar tus fracasos, lo que no hiciste. Jesús va a recordar el amor que le tienes. Cuando seas capaz de entender eso, tu vida podrá desatarse al nivel que Él tiene para ti, y no tendrás que regresar a lo que eras antes de conocerle a Él.

> **El mundo siempre va a recordar tus fracasos. Jesús va a recordar el amor que le tienes.**

No permitas que ese error te haga volver a la vieja vida, al pasado, al ayer, a las barcas vacías. Allí no tienes nada que buscar. Ese error solo debe recordarte que amas más a Dios que a tu vida pasada. Por causa de eso, has vivido lo que nunca habías vivido, has visto lo imposible ocurrir en tu vida, has visto lo difícil ocurrir en tu vida, y Dios lo ha hecho porque desde el primer día tú has declarado cuánto le amas.

Tal vez superaste las dificultades, pero en el proceso sufriste alguna pérdida. Ahora prepárate para recuperar lo que te robaron; porque la orden de Dios a David, a ti, y a todos es que persigamos a quien nos robó durante la adversidad, lo alcancemos por sorpresa, y le arrebatemos lo que nos quitó, multiplicado.

9

TRES PALABRAS PODEROSAS

Ante todo, quiero establecer un fundamento, y hacer una declaración de fe para tu vida. Recíbelo y créelo. Grábate en tu interior tres palabras que te voy a decir en español y en inglés. Las vas a decir, y las vas a reclamar en ambos idiomas. En inglés tienen más profundidad, más fuerza, más precisión, y llevan mejor el sentido de estos próximos capítulos que van a transformar tu vida. Leamos toda la historia de 1 Samuel 30:

> *Cuando David y sus hombres vinieron a Siclag al tercer día, los de Amalec habían invadido el Neguev y a Siclag, y habían asolado a Siclag y le habían prendido fuego* (1 Samuel 30:1).

Esa expresión *"prendido fuego"* quiere decir que cuando David llegó a la ciudad y a su casa, tanto la casa como la ciudad ya estaban en humo. Él no vio en realidad el fuego. Él vio el humo, las cenizas, lo que quedaba en aquel lugar. Fíjate lo que sigue diciendo:

Y se habían llevado cautivas a las mujeres y a todos los que estaban allí, desde el menor hasta el mayor; pero a nadie habían dado muerte, sino se los habían llevado al seguir su camino. Vino, pues, David con los suyos a la ciudad, y he aquí que estaba quemada, y sus mujeres y sus hijos e hijas habían sido llevados cautivos. Entonces David y la gente que con él estaba alzaron su voz y lloraron, hasta que les faltaron las fuerzas para llorar (vs. 2-4).

¿Has llorado alguna vez así, a tal grado que ya no te salen lágrimas? Son hombres llorando de esta manera. Mira lo que sigue diciendo.

Las dos mujeres de David, Ahinoam jezreelita y Abigail la que fue mujer de Nabal el de Carmel, también eran cautivas. David se angustió mucho, porque el pueblo hablaba de apedrearlo, pues todo el pueblo estaba en amargura de alma, cada uno por sus hijos y por sus hijas; mas David se fortaleció en Jehová su Dios. Y dijo David al sacerdote Abiatar hijo de Ahimelec: Yo te ruego que me acerques el efod. Y Abiatar acercó el efod a David. Y David consultó a Jehová, diciendo: ¿Perseguiré a estos merodeadores? ¿Los podré alcanzar? Y él le dijo: Síguelos, porque ciertamente los alcanzarás, y de cierto librarás a los cautivos (vs. 5-8).

He aquí las tres palabras que quiero que te aprendas. Primero, lee este pasaje bíblico en inglés.

Pursue, for you shall surely overtake them and without fail recover all (1 Samuel 30:8 KJV).

Si lo traducimos literalmente, tenemos la siguiente instrucción: Persíguelos, porque seguramente los sorprenderás, y sin fallar lo recuperarás todo. Marca las siguientes palabras en tu corazón: Persíguelos, sorpréndelos y recupéralo todo.

Lee estas versiones adicionales y observa el mandato:

> *And the Lord told him, "Yes, go after them; you will recover everything that was taken from you!"*(TLB).

> *Y el Señor le dijo: —Sí, persíguelos. Recuperarás todo lo que te han quitado* (NTV).

Persíguelos porque ciertamente los vas a tomar por sorpresa, y vas a recuperar todo lo que te han quitado. Yo creo en el nombre poderoso de Jesús que hay una época nueva para tu vida porque marcas esas tres palabras en tu consciencia:

> Persíguelos, porque seguramente los sorprenderás, y sin fallar lo recuperarás todo.

Pursue, overtake and recover (Persíguelo, sorpréndelos y recupéralo todo).

La palabra *overtake* tiene tres significados y connotaciones impactantes: "adelantarse a", "tomar desprevenido", "sorprender", "apropiarse" o "adueñarse".

Primero, vas a perseguir. ¿Habrá algo en tu vida digno de perseguir, digno de continuar luchando? ¿Habrá algo que te motive, que te inspire a continuar persiguiendo? ¿Habrá algo que quieras alcanzar, algo que te hayan quitado y quieras recuperar? Si hay algo que sea digno de perseguir, digno de alcanzar y de recuperar, Dios dice: "Persíguelo porque ciertamente lo vas a alcanzar, y vas a recuperarlo todo". De hecho, vas a arrebatar todo lo que te quitaron, y a recuperarlo. Recíbelo en tu corazón, márcalo en tu interior y no lo olvides.

¿Te atreverías a perseguir algo si supieras que lo vas a alcanzar? ¿Te atreverías a arrebatárselo a quien te lo robó? David no oró para que Dios le diera permiso para perseguir a aquel pueblo que se llevó a su esposa y a sus hijos. David oró para que Dios le diera la certeza de que él iba a perseguir, los iba a sorprender, los iba a alcanzar, y que ciertamente iba a recuperar aquello que había perdido, aunque tuviera que arrebatarlo. Mira lo que sigue diciendo desde el verso 9 en adelante:

> *Partió, pues, David, él y los seiscientos hombres que con él estaban, y llegaron hasta el torrente de Besor, donde se quedaron algunos. Y David siguió adelante con cuatrocientos hombres; porque se quedaron atrás doscientos, que cansados no pudieron pasar el torrente de Besor. Y hallaron en el campo a un hombre egipcio, el cual trajeron a David, y le dieron pan, y comió, y le dieron a beber agua. (…) Y le dijo David: ¿Me llevarás tú a esa tropa? Y él dijo: Júrame por Dios que no me matarás, ni me entregarás en mano de mi amo, y yo te llevaré a esa gente. Lo llevó, pues; y he aquí que estaban desparramados sobre toda aquella tierra, comiendo y bebiendo y haciendo fiesta, por todo aquel gran botín que habían tomado de la tierra de los filisteos y de la tierra de Judá. Y los hirió David desde aquella mañana hasta la tarde del día siguiente; y no escapó de ellos*

ninguno, sino cuatrocientos jóvenes que montaron sobre los camellos y huyeron. Y libró David todo lo que los amalecitas habían tomado, y asimismo libertó David a sus dos mujeres. Y no les faltó cosa alguna, chica ni grande, así de hijos como de hijas, del robo, y de todas las cosas que les habían tomado; todo lo recuperó David. Tomó también David todas las ovejas y el ganado mayor; y trayéndolo todo delante, decían: Este es el botín de David. Y vino David a los doscientos hombres que habían quedado cansados y no habían podido seguir a David, a los cuales habían hecho quedar en el torrente de Besor; y ellos salieron a recibir a David y al pueblo que con él estaba. Y cuando David llegó a la gente, les saludó con paz.

Mira el verso 19: *"Todo lo recuperó David"*.

David era un guerrero, David sabía lo que era pelear, luchar, lo que era ser perseguido, tener la espada en la mano. Pero él quería paz para su familia, su esposa y sus hijos. Los caballeros no tienen problemas en pelear, en luchar; tú lo que quieres es que tu esposa y tus hijos tengan paz. No tienes problemas en tener que trabajar mañana, tarde y noche, pero cuando ves a tu esposa en preocupación, cuando ves a tus hijos en problemas, eso es lo que verdaderamente perturba tu mente. Tú tienes la fuerza para luchar, pero cuando se meten con tu familia, es otra cosa. Un día, tu familia va a encontrar la paz, y no hay nada que el enemigo pueda hacer en contra de tu esposa ni de tus hijos.

Hay mujeres que son madres solteras, que tienen que batallar solas, y aún así logran salir adelante. Pero cuando un hijo se les enferma, tiene problemas en la escuela, en la calle o situaciones de vida difíciles, todo comienza a cambiar. Y es que las cosas comienzan a verse desde otra perspectiva.

No hay tal cosa como una madre soltera que pueda estar con sus hijos 24 horas. Tú tienes que salir a trabajar y tienes que aprender a dejar todo bajo la protección de Dios. A veces el enemigo se mete en el camino. A veces ciertas personas se meten en el camino intentando hacerle daño a tus hijos, lastimando sus mentes y emociones. Uno lucha para conquistar y por el otro lado, la familia es atacada. Pero quiero que entiendas que Dios va a proteger a tu familia, y si el enemigo lograra entrar en algún momento, tu familia no se va a perder en el camino.

La otra actitud es "me quedo cuidando mi familia". Como consecuencia, la familia que se queda en esa actitud, nunca conquista, nunca progresa, y nunca alcanza cosas nuevas. Tiene que haber una seguridad en tu corazón de que Dios protege a tu familia, y si algún día el enemigo se mete con los tuyos, Dios te va a dar la capacidad de recuperar todas las cosas en el nombre de Jesús.

Así que David está en una etapa difícil de su vida. Un lugar que él había pensado que era un lugar de paz, tranquilidad, descanso, donde su familia tendría paz, se convirtió en un lugar de ruinas.

Ahora quiero que observes que estos 600 hombres llevaban días peleando. Hubo 200 que no continuaron el camino por lo cansados que estaban. Estas personas habían estado luchando, gastando energías, gastando fuerzas, para llegar a su casa y encontrarla en ruinas. No se podía salvar nada porque no había fuego; solo humo. Cuando David llegó allí, no había agua qué echar para salvar la casa ni salvar el matrimonio. Quedaba el humo sobre las cenizas de todo lo construído que se había perdido, que se había echado por la borda y se había desperdiciado.

¿Cuántas personas vivirán en esa forma, si no toda su vida, parte de ella? Tanto luchar, tanto trabajar, tanto esforzarte. Tal vez pensabas que tu vida, familia, finanzas, salud estaban en orden. Estás luchando, tratando de alcanzar otras cosas y cuando regresas, ves totalmente en cenizas aquello que habías construido. Si al menos lo encontraras en fuego todavía tendrías esperanzas de salvar algo; pero lamentablemente, cuando llegas lo único que ves es humo sobre las cenizas.

Nadie me puede decir que en un momento como ese va a pensar: "Eso es lo mejor que me pudo haber pasado". Tampoco me puedes decir que algún día no te has enfrentado a una situación como esa. La pregunta es qué vas a hacer cuando te encuentres en ese momento. Hay varias formas de reaccionar a un problema.

1. **Negar que existe.**

2. **Rendirse.** Decir: ¿Para qué tanto luchar? ¿Para qué seguir? Abandonarlo todo. No tan solo tienes tu vida en ruinas, sino renuncias a todo. Ahora ¿qué vas a hacer?

3. **Evadir.** Otros no renuncian, pero evaden el problema. No quieren hablar de las situaciones. La actitud es: "Yo sé que hay un problema, pero vamos a hablar la semana siguiente". En el matrimonio hay un problema y no lo hablan. Hay matrimonios que no se han divorciado porque llevan 20 años evadiendo los problemas, sin darse cuenta de que esos mismos problemas que han estado evadiendo los han estado deteniendo. Son esas cosas que no se han arreglado, que no se han ordenado, que tú

no has tenido la valentía de enfrentar y decidir resolver. No has dicho: "Tengo que poner la casa en orden".

4. **Echarle la culpa a otro.** Los matrimonios con problemas llegan a la oficina del consejero, cada cónyuge a presentar su tesis de defensa por todo lo que su pareja le ha hecho. Por lo general, se echan culpas el uno al otro y, cuando no, entonces la culpa es de los suegros, o de unos terceros o de alguien. Hay personas que siempre son las víctimas en todas las situaciones. Existen dos tipos de víctimas: víctimas por omisión o por comisión. En otras palabras, víctimas por no hacer y víctimas por hacer. Tú tienes que enfrentar la realidad de que en esta vida, la única persona con quien tú puedes contar es con Dios.

5. **Tratar de resolver el problema sin buscar ayuda.** Es muy difícil resolver los problemas sin buscar ayuda. Cuando hablo de buscar ayuda me refiero a personas capacitadas y de buen testimonio que Dios pone en nuestro camino para darnos consejos sabios y estrategias para enfrentar y salir victoriosos de nuestros problemas. Ahora bien, nunca ovides que tu primer consejero es Dios, y en Él debe estar puesta toda tu confianza. El problema es cuando tratamos de contar con personas sin contar con Dios primero. Entonces nos defraudamos porque hacemos de las personas nuestro Dios en vez de hacer de Dios nuestro Dios, y dejar que Dios ponga las personas correctas para que nos ayuden en el camino. Él se encarga de que sepas quiénes son los que están contigo, y quiénes son los que no están.

Nos cerramos ante los problemas y los manejamos en una de esas formas, sin darnos cuenta de que aunque es difícil ver el problema como una oportunidad, los que le servimos a Dios tenemos que estar seguros de que todo obra para bien para los que le servimos a

Cristo Jesús. Tenemos que estar seguros porque Dios no te profetiza tu proceso, pero siempre te profetiza tu destino. Cuando Dios te da una declaración, te da la declaración de lo que vas a tener al final. Nunca te dice lo que vas a pasar, nunca te dice lo que va a ocurrir en el camino.

> Dios no te profetiza tu proceso, pero siempre te profetiza tu destino.

Por eso tú tienes que tener claro y ser consciente, no del proceso, porque el proceso no va a acabar contigo, sino del destino que Dios tiene para ti. Tú puedes entender que lo que estás viviendo hoy no fue lo que Dios te prometió. Tú debes ser capaz de entender que lo que estás experimentando ahora es parte tan solo de un proceso, pero no fue lo que Dios te profetizó. Él te profetizó que a pesar de lo que estás viviendo, vas a alcanzar el destino glorioso que Él te ha prometido, y podrás encontrar la fuerza para seguir ante la crisis.

¿Y QUÉ ES UNA CRISIS?

Es una etapa en una tendencia de eventos que tiene una secuencia, y te lleva a determinar el futuro de los próximos eventos. No es la tendencia de eventos lo que determina el futuro de los eventos; es la etapa de crisis. La decisión que tomas durante una crisis determina los próximos eventos. La responsabilidad de esa etapa es tuya. Hay personas que han pasado eventos traumáticos que han llegado a crisis. La pregunta es: ¿Vas a dejar que esos eventos determinen los futuros eventos o vas a decidir hacia dónde vas?

Has pasado por batallas y cuando creíste que había llegado la paz, tienes que enfrentarte a otra batalla. Yo he decidido creerle a Dios y seguir hacia adelante. Hay un Dios que te ha dado la seguridad de que lo vamos a perseguir, lo vamos a alcanzar y lo vamos a rescatar todo.

La tendencia es a rendirte ante el cansancio. Esos hombres de David pelearon y llegaron para encontrar que tenían que pelear otra vez. Y no se trata de orar para ver si tienes que perseguir a tus enemigos para alcanzar lo que has perdido. Se trata de orar para tener la seguridad de que los vas a alcanzar. ¿Tienes que orar para saber si Dios quiere que tú recuperes tu familia? ¿Tienes que orar para saber que Dios te quiere próspero? ¿Tienes que orar para saber si Dios quiere que salgas del problema financiero? La crisis, ¿te ha hecho cuestionar la voluntad de Dios? Por eso hay personas que no reciben respuesta a sus oraciones. Escucha lo que estás orando.

"¿Será que Dios quiere que yo prospere?". "¿Será que Dios quiere que yo esté sano?". "¿Será que Dios quiere que yo recupere a mi familia?". Hace más de dos mil años nuestro Padre Celestial envió a Su Hijo para que muriera por nuestros pecados. La historia de la humanidad se divide en antes de Cristo y después de Cristo. Cristo murió por ti en la cruz del Calvario, se hizo pobre para que tú fueras rico, se hizo enfermedad para que tú fueras sano, vino a darte la victoria, y venció al enemigo. Él quiere lo mejor para tu vida ¡Si todavía no entiendes esto, no sé en qué etapa estás viviendo!

¿La crisis te ha hecho cuestionar a Dios en vez de Dios hacerte cuestionar la crisis? La tendencia de eventos naturales que has tenido en tu vida ¿se ha hecho más grande que los milagros que Dios ha hecho en tu vida? ¿Sabes cuántas personas podrían estar muertas y a pesar de la tendencia de eventos y decisiones que han tomado, siguen vivos? ¿Has llegado a una crisis natural? Aun los mejores hombres atraviesan una crisis.

Crisis es la ventana, la oportunidad para tomar las decisiones correctas que establezcan lo nuevo que va a ocurrir. La oración de David fue para fortalecerse. Tu oración debe ser para fortalecerte en medio del camino, y que todo lo que el enemigo te ha querido robar lo puedas recuperar como lo recuperó David en el nombre poderoso de Jesús. No permitas que la crisis te haga cuestionar la voluntad de Dios para tu vida. Cuestiona tu crisis con Dios. Este no puede ser tu final porque Dios te prometió que ibas a prosperar y que ibas a seguir en victoria.

> Crisis es la ventana, la oportunidad para tomar las decisiones correctas que establezcan lo nuevo que va a ocurrir.

Yo oro para que cuando yo ponga un pie al frente no vuelva atrás porque yo voy al otro lado, y voy a alcanzar a los que me han robado. Tú tienes que orar para que Dios te dé la confianza de que cuando tú pongas un pie hacia adelante, sepas que lo vas a alcanzar.

Persigue, los vas a alcanzar por sorpresa, y lo vas a recuperar todo.

Pursue, overtake and recover everything.

Persíguelo, los vas a alcanzar por sorpresa, y lo vas a recuperar todo. Cuando buscas estas palabras en el original tienen tres connotaciones bien importantes. Lo primero es la palabra perseguir. Para tú perseguir algo, tiene que haber algo de valor. Mi pregunta es si hay algo de valor que tú debas perseguir. ¿Será tu familia lo suficientemente valiosa para seguir luchando? ¿Será tu convicción en Dios lo suficientemente valiosa para seguir luchando? ¿Serán tus hijos lo suficientemente valiosos para no quedarte de brazos cruzados y continuar hacia adelante por ellos? ¿O la crisis te ha hecho perder el valor de las cosas?

Recupera lo que es tuyo. La palabra recuperar cuando la buscas en el inglés es *snatch*. *Snatch* es arrebatar. Uno de los problemas que tienen muchos cristianos es que no tienen actitud. Los cristianos permitimos que nos arrebaten las cosas, pero nosotros no arrebatamos las cosas que nos pertenecen. Actitud es: "Esto es mío" y decirlo con autoridad. Tenemos cristianos flojos, sin actitud. Hermano, si tú has sido redimido por la sangre de Cristo, tú eres hijo de Dios, tú no eres cualquier cosa. Lo que es tuyo te pertenece, y nadie te lo debe quitar. Y tú debes caminar con la actitud de lo que te pertenece.

Asume la actitud de que lo que es tuyo es tuyo y se acabó. Vas hacia adelante. No se trata de que vas a pasarle por encima a los otros. Se trata de que lo que es tuyo es tuyo, y tú vas a arrebatarlo y lo vas a tomar con actitud. Nada te lo va a quitar, nada te va a detener. Si Dios te prometió que te iba a prosperar, si Dios te prometió que lo ibas a alcanzar, podrás arrebatar lo que es tuyo. Podrás decir "esa sanidad me pertenece",

> Lo que es tuyo es tuyo,
> y tú vas a arrebatarlo.

"esa prosperidad me pertenece", "mi familia me pertenece", "mis hijos me pertenecen", "esta casa me pertenece", "esto es mío", "Dios me lo entregó", "Dios lo ha puesto en mis manos y si el enemigo me lo quiere quitar, se acabó".

Decláralo: "Yo los voy a perseguir, los voy a alcanzar y voy a arrebatar lo que es mío". Si no tienes esa actitud, el mundo te va a acabar, y vas a dejar perder todo lo que Dios te ha dado. Estoy hablando de estar confiado y de saber lo que te pertenece.

Ten la confianza de perseguir, alcanzar, y recuperar arrebatando de las manos del enemigo. Te aviso que si tú crees que el enemigo te va a dejar que agarres las cosas fácilmente, no es así. Cuando llegues allí, tienes que arrebatarle todo lo que es tuyo para recuperarlo. Dios te dio la certeza. Sigue Sus instrucciones.

10

PAUSA, Y FORTALECE TU INTERIOR

En la historia que inspira estos capítulos (1 Samuel 30), David y sus hombres estaban pasando el peor momento de su vida mental, emocional y física. Si los problemas que tienes hoy no te hubieran tomado por sorpresa, y hubieras tenido unas semanas de descanso, los verías de otra manera. Cuando has dormido bien, los problemas no son tan difíciles, pero cuando no has dormido bien y estás cansado, cualquier cosa es un gran problema. La tolerancia no es igual. Cuando estás cansado tus niveles de tolerancia son bajos, sobre todo con los hijos. Hay actitudes que cambian con el mero hecho de descansar.

Así ocurría con los soldados de David. Estaban bajo presión, físicamente agotados, ahora tenían que volver a luchar y amenazaron a David con apedrearlo. Por lo general, una persona agotada reacciona de dos maneras y David no lo hizo.

1. David pudo haber reaccionado en contra de los hombres que estaban amenazando con apedrearlo. Sin embargo, no lo vemos

reaccionando a la presión que ellos le ejercieron. Ante un momento de crisis ¿qué hacen la mayoría de las personas? Lo primero que hacen es descargarse con las personas incorrectas cuando ninguno de esos son sus enemigos; sus enemigos están afuera. Cuando eres líder y sabes que has sido llamado, tienes que entender que en un momento de crisis las personas a tu alrededor van a reaccionar. El problema es que cuando uno está agotado, empieza a desquitarse con personas que no están preparadas para manejar la presión que tú estás llamado a llevar. Entonces, en vez de enfocar nuestra fuerza en contra del verdadero enemigo, levantamos más enemigos dentro de nuestras filas porque no podemos entender que ellos están cansados, pero tú no te puedes darte el lujo de ceder a tu cansancio. Tú tienes que entenderlos a ellos porque tú eres el líder. David estaba demostrando su liderato. David estaba triste, lloró, se entristeció. A más nadie estaban tratando de apedrear. Sin embargo, David no reaccionó.

Tú no puedes sucumbir ante la presión de que otros no pueden manejar la presión como tú. Es que eres tú quien fue llamado a manejarla, y cuando tú la manejas correctamente, ellos también salen bien. Tú recuperas a tu familia y ellos también. Pero si tú cedes a la presión que ellos no saben manejar, tu familia se pierde y la de ellos también.

Tú no peleas las crisis contra las personas a tu alrededor. ¿Cuántas veces en una crisis tú te has tornado a pelear con tu esposa, tus hijos, tus vecinos o tu jefe? Piensas que ellos deberían entender lo que estás pasando. Entonces tú eres del grupo, y no eres de los llamados. David estaba rodeado de 600 hombres dispuestos a matarlo y él los ignoró. ¿Puedes tú caminar en medio de un campamento molesto y seguir orando? ¿Puedes tú caminar en medio de un campamento amargado, y decir "yo me voy a fortalecer en Dios"? ¿Puedes tú caminar en medio de personas murmurando en contra tuya, y decir "Dios nos va a dar la victoria", y no permitir que te afecte la presión que ellos no puedan manejar?

2. David pudo haber reaccionado alocadamente y salir corriendo. Lo segundo que hacen las personas ante una crisis es salir corriendo. Aunque sea algo urgente, tú no puedes lanzarte sin pensar. Así que no vemos a un David reaccionando con locura ni apresuradamente. ¿Cuántas veces has llegado a tu casa o negocio, y haces lo que yo llamo en buen puertorriqueño, "romper y rajar"? En un ataque de cólera, rompes aquí, rajas allá porque lo que quieres es quitarte la presión en seguida. David no hizo eso.

No sabemos cuánto tiempo le tomó a David fortalecerse, pero no salió corriendo a perseguir a sus enemigos en un ataque de cólera, de coraje, de venganza, en un deseo de acabar con todo en seguida. David hizo lo que tú y yo debemos hacer: una simple pausa. En medio de la crisis, uno tiene que aprender a hacer una pausa. A veces hacer una simple pausa por unos segundos, por unos minutos, por unas horas, por unos días y hasta por unas semanas puede marcar la diferencia entre la vida y la muerte. ¿Cuántas veces has cedido a un impulso de coraje, y lo único que has logrado es empeorar la situación? Todo lo que hacía falta era hacer una simple pausa, respirar profundo.

> En medio de la crisis, uno tiene que aprender a hacer una pausa.

¿Por qué es tan importante esta pausa ante una crisis? Fue esta pausa la que le permitió a David pasar de amargura a miedo, y de miedo a fortaleza. Esta pausa permitió que David pasara por un proceso que muchos cristianos quieren negar, y que a veces tenemos que pasar.

En ocasiones los cristianos nos creemos super hombres, y pensamos que lo que tenemos que cantar es victoria, todo está bien y voy pa'lante, cuando por dentro nos estamos muriendo o temblando. Tú nunca debes salir a una batalla en amargura o en miedo. Tú debes cambiar tu amargura. Luego de superar el proceso de la amargura, lo próximo que va a venir a tu mente es miedo. Entiende que si tú no sientes miedo ante una crisis, no estás pasando una crisis. Ante una crisis, el temor es una experiencia humanamente normal, aunque Dios no nos ha dado espíritu de temor. La crisis trae incertidumbre y no puedes reaccionar alocadamente. Tiene que haber una pausa que te permita fortalecerte en el Señor y pasar de amargura a miedo y de miedo a fortaleza.

Cuando sales fortalecido a perseguir a tu enemigo, vas a tener la victoria, pero si sales lleno de amargura o de temor, él te habrá derrotado antes de que tú hayas salido a su encuentro. David sabía esto. Cuando David peleó contra Goliat, salió con valentía. Si aprendes a hacer la pausa, de la amargura vas a pesar al temor y del temor serás librado y fortalecido. Te puedo asegurar que luego de que Dios te fortalece, vas a perseguirlo, lo vas a alcanzar y vas a recuperar todo lo que el enemigo te haya robado.

¿Por qué hay personas que siguen viviendo en crisis? Porque no han pasado por el proceso de la amargura; lo han querido obviar. No han pasado por el proceso de experimentar el temor. No quieren enfrentar los eventos que están ocurriendo en su vida, y mirarlos cara a cara para no sentir ese temor. Tampoco pasan por el proceso necesario para ser fortalecidos, y siguen repitiendo en su futuro los problemas que ya murieron en el pasado. Tú piensas que la crisis te mató, pero mató tus problemas porque la vieja vida se murió en la crisis.

Tú puedes seguir repitiendo la crisis si sigues cargando en tu mente con lo que ese problema te ha dicho que vas a cargar. Tienes que pasar el proceso, y moverte hacia adelante.

EL PROCESO DE UNA PÉRDIDA

Quiero darte unas ideas del proceso que todo el mundo debería pasar. ¿Tuviste alguna pérdida? ¿Perdiste a un familiar, a un amigo, a alguien muy querido? Aun Dios sabe que tienes que llorar. En 1 Tesalonicenses 4:13 dice: *"…para que no os entristezcáis como los otros que no tienen esperanza".* Pablo decía que vas a llorar, pero la diferencia es que tu llanto no es un llanto sin esperanza. Tú y yo tenemos esperanza, pero es importante pasar por ese proceso, que incluye diez etapas, según Granger E. Westberg en su libro *Good Grief* (Fortress Press 2010):

1. **Estado de shock** - Cuando entras en crisis hay un estado de *shock*. Te tomó de sorpresa. Luego de eso, pasas a la etapa de…

2. **Expresar tus emociones**, muchas veces de llanto, coraje, angustia, especialmente de sufrimiento. Más adelante…

3. **Experimentas depresión y soledad**. Tú no estás en crisis si no te has sentido solo. En ese momento es que dices: "Nadie me quiere", "Todo el mundo me ha abandonado", "Todo el mundo me ha dejado". Me dicen: "Pastor, pero un cristiano no debe

pasar por eso". Pero si Cristo dijo: *"Dios mío, Dios mío, ¿por qué me has desamparado?"* (Mateo 22:46). ¿Tú te crees mejor que Cristo, y Él se sintió solo?

3. **Los síntomas físicos** – Sientes dolor de espalda, dolor de cabeza, migraña, problemas digestivos. Eso no es que te vas a morir. Es que estás pasando por el proceso. Luego...

4. **Comienza el pánico y no te puedes concentrar.** Entonces llega...

5. **La culpa** – Empiezas a pensar en "lo que no debí haber hecho", "lo que hice", "lo que me faltó", "lo que no hice correcto". Los cristianos no queremos enfrentar estas cosas. Queremos proyectar al mundo algo que no es la realidad. No queremos pausar y esperar que nuestra vida, nuestro ser pase por ese proceso.

6. **Viene el resentimiento.** Tú no has pasado una crisis si no te ha dado coraje y resentimiento.

7. **Nos resistimos a salir de ese momento difícil.** Nos encargamos de que ese momento no se vaya de la memoria ni de la de los demás. Es como la persona que cuando alguien fallece, pretende mantener viva su memoria todo el tiempo. "¿Tan rápido te vas a olvidar de todo lo que te han hecho?". Eso es lo que las personas te preguntan. Si en algo es bueno el mundo es en revivirte tu pasado.

Veamos el ejemplo de Rahab, la prostituta que preservó las vidas de los dos espías que Josué envió a Jericó reconocer la tierra (Véase Josué 2). Aun luego de ella ser rescatada, llegar a morar entre los israelitas el resto de su vida y ser parte del linaje de Cristo, el libro de los Hebreos le da el título de "Rahab la ramera" (Véase

Hebreos 12:31). Y es que el mundo siempre va a querer revivir lo que tú fuiste, lo que tú eras. Tú tienes que salir de eso, tienes que ponerle fin, dejar de revivirlo y decir: "Dios tiene algo nuevo para mí". Aquellos que logran salir de eso, comienzan a tener un poquito de esperanza, y empiezan a ver una luz al final del túnel. Por último…

8. Luchan por reafirmar una nueva realidad en su vida.

Las personas que superan este proceso de pérdida, son las que dicen: "Yo no voy a traerla de la tumba. Voy a seguir hacia adelante"; "Ese negocio terminó, voy a hacer uno nuevo"; "Ese trabajo se acabó. Puedo demandar por los próximos 10 años, o puedo retirar la demanda y alcanzar un trabajo nuevo para mi vida". Todo esto ocurre porque en tu interior te das cuenta, y afirmas que tienes una identidad más importante que lo que te pasó.

A unos les toma segundos, minutos, horas o semanas pasar por esto. Otros nunca lo pasan, y por eso nunca se mueven hacia adelante. No se pueden mover porque no han pasado de la amargura al temor, y del temor no han pasado a la fortaleza. No puedes empezar un matrimonio nuevo si no estás fortalecido. No puedes empezar una nueva empresa si no estás fortalecido . No puedes empezar un nuevo nivel en tu vida si no has sido fortalecido.

FORTALECE TU INTERIOR

El área que realmente tú tienes que fortalecer es tu interior. Tu bienestar físico lo resuelves rápido, descansando, comiendo saludablemente y ejercitándote. Tu mente la relajas liberándote, hablando con alguien, viajando, viendo una película, con un pasatiempo favorito… Tú puedes descansar y liberar tu mente, pero si tu hombre interior no ha sido fortalecido, nunca tendrás victoria. Y tu hombre interior no se fortalece si no hay una pausa, si tú no tomas un momento para conectarte con la única persona que puede verdaderamente darte la fortaleza.

Juan 7: 38 dice: *"El que cree en mí, como dice la Escritura, de su interior correrán ríos de agua viva".*

Romanos 7:22 te dice: *"Porque según el hombre interior, me deleito en la ley de Dios;"*

2 Corintios 4:16 dice: *"Por tanto, no desmayamos; antes aunque este nuestro hombre exterior se va desgastando, el interior no obstante se renueva de día en día".*

Pablo hablaba todo el tiempo de este hombre interior que él sabía que tenía que fortalecerse.

2 Corintios 4:17 dice: *"Porque esta leve tribulación momentánea produce en nosotros un cada vez más excelente y eterno peso de gloria;"*

Tu problema es leve y momentáneo.

Pablo decía en Efesios 3:14-16:

> *Por esta causa doblo mis rodillas ante el Padre de nuestro Señor Jesucristo, de quien toma nombre toda familia en los cielos y en la tierra, para que os dé, conforme a las riquezas de su gloria, el ser fortalecidos con poder en el hombre interior por su Espíritu;*

David tomó un momento para descansar. No tenía con quién liberarse de las penas, pero tenía con quién fortalecerse. David sabía dónde tenía que buscar. Sabía que no podía depender de esos 600, pero podía buscar hacia adentro y levantar su interior. Porque si tú te levantas por dentro, aunque no tengas fuerzas físicas, vas a hacer lo que tengas que hacer. Vas a ir hacia adelante aunque te tengas que arrastrar.

> Si tú te levantas por dentro, aunque no tengas fuerzas físicas, vas a hacer lo que tengas que hacer.

1. **Reconoce la existencia y la importancia de tu hombre interior.** Cuando hablo de hombre, hablo de varón y hembra. Recuerda que esta era la parte que estaba muerta antes de tú conocer a Cristo, y esa fue la parte que revivió cuando tú le entregaste tu corazón al Señor. Tienes que entender que esa parte estaba dormida. Recuerda que cuando aceptaste a Cristo como tu Señor y Salvador, seguías con las mismas deudas, con los mismos problemas, pero se despertó el gigante que estaba dormido dentro de ti. Dice la Biblia que comenzaste a ser un alma viviente. Antes tenías alma, pero no tenías verdadera vida. Ahora tu espíritu ha sido vivificado, así que tienes que recordar la existencia y la importancia de tu hombre o tu mujer interior.

2. **Recuerda que ese hombre o mujer interior es tu punto de conexión con Dios.** Tu cuerpo no es tu punto de conexión con Dios. Por eso cuando la presencia de Dios viene sobre tu vida tiemblas, lloras, ríes porque tu cuerpo no resiste la presencia de Dios. Por eso Dios no puede conectarse contigo por tu cuerpo. Tampoco puede conectarse contigo por tu mente porque no cabe en tu mente. Él ha tratado, pero cada vez que te dice algo, tu mente no lo puede recibir, no lo puede entender, así que tu punto de conexión con Dios es, única y exclusivamente, tu

hombre interior. Hay personas que dicen: "Dios nunca me ha hablado". Te ha hablado, pero nunca has entendido que es Dios el que te está hablando. Entiende que ese hombre interior es tu único punto de conexión con Dios.

¿CÓMO FORTALECES TU HOMBRE INTERIOR?

Jehová es mi fortaleza y mi cántico,
Y ha sido mi salvación.
Este es mi Dios, y lo alabaré;
Dios de mi padre, y lo enalteceré (Éxodo 15:2).

1. **Aprende a cantarle a Dios.** Tener una nueva canción en medio de la crisis va a cambiar tu vida. En tu corazón debe estar esa canción de gratitud de que Él es bueno, te ha guardado de las dificultades y te ha cuidado. Tienes que cantarle a Dios y gozarte en la presencia del Señor. Esa es una de las maneras de fortalecer tu hombre o mujer interior.

   Entonces clamó Sansón a Jehová, y dijo: Señor Jehová, acuérdate ahora de mí, y fortaléceme, te ruego, solamente esta vez, oh Dios, para que de una vez tome venganza de los filisteos por mis dos ojos (Jueces 16:28).

2. **Recuérdale a Dios de dónde te sacó,** cuando estás en crisis o en dificultades. ¿Qué dijo el ladrón que estaba al lado de Cristo en el Gólgota? *"...Acuérdate de mí cuando vengas en tu reino. Entonces Jesús le dijo: De cierto te digo que hoy estarás conmigo en el paraíso"* (Lucas 23:42-43).

Al decir esa expresión delante de Dios, "Acuérdate de mí", en realidad le estamos dando una orden a nuestro interior para que recuerde lo que nosotros somos para Dios. Por eso tú tienes que acordarte. Debes decir: "Señor, acuérdate de lo que tú me has prometido. Acuérdate de la promesa que yo he hecho. Tú sabes que yo te voy a servir y te voy a bendecir".

3. Busca el rostro del Señor.

> *Buscad a Jehová y su poder; Buscad su rostro continuamente* (1 Crónicas 16:11).

Lo que nos da fortaleza es buscar el rostro del Señor. Es importante buscarlo porque tú estás hecho a la imagen y semejanza de Dios. En medio de la crisis, cuando buscas a tu alrededor lo que las personas piensan y opinan, intentas encontrar aliento en los rostros de los que están a tu lado, pero te deprimes más. A menudo buscamos consuelo y fortaleza en el rostro de las personas incorrectas.

¿Qué es buscar el rostro del Señor? Es ir ante Su presencia, en un tiempo de meditación. Es mirar el rostro de Dios, que te ve con un rostro agradable y te dice: "Estoy contigo, nunca te abandonaré, yo peleo por ti mientras tú estás tranquilo". Tú comienzas a recibir fortaleza en tu interior, algo dentro de ti comienza a cambiar, y empiezas a verte a ti mismo diferente y a ver a Cristo en las personas a tu alrededor. El rostro de Dios se busca; no se encuentra a lo loco. Tienes que irte en intimidad, tiempo de oración, de estudio, y dedicarte a encerrarte a hablar con Dios cara a cara.

4. Llénate del gozo del Señor.

> *Y Nehemías el gobernador, y el sacerdote Esdras, escriba, y los levitas que hacían entender al pueblo, dijeron a todo el pueblo: Día santo es a Jehová nuestro Dios; no os entristezcáis, ni lloréis; porque todo el pueblo lloraba*

oyendo las palabras de la ley. Luego les dijo: Id, comed grosuras, y bebed vino dulce, y enviad porciones a los que no tienen nada preparado; porque día santo es a nuestro Señor; no os entristezcáis, porque el gozo de Je-hová es vuestra fuerza (Nehemías 8: 9-10).

Este verso nos habla de gozarnos, vivir con gozo, experimentar el gozo de Dios en nuestra vida, y de buscar el gozo del Señor en medio de cada situación. No busques alegría. ¿Por qué hay tantas personas deprimidas? Porque se están esforzando por estar alegres. Los que buscan alegría no la encuentran, pero vivir en el gozo del Señor es diferente. El gozo del Señor nunca depende de lo que está pasando a tu alrededor. La alegría depende de las circunstancias. La felicidad depende de con quién estás. Hay personas que te hacen feliz y personas que te hacen infeliz, pero los que tienen el gozo del Señor están gozosos en cualquier circunstancia.

Igual que buscar el rostro de Dios, el gozo del Señor no viene a lo loco. El gozo del Señor es un fruto que tu espíritu produce como resultado de descansar en el Señor y tener intimidad con Él. De repente empiezas a ver las cosas diferentes, sonríes y ríes desde adentro. No viene de afuera; viene de tu interior.

Nehemías tenía que experimentar eso porque él fue llamado a reconstruir unas murallas, y le cuestionaban su corazón. Tienes que aprender a conectarte con Dios a ese nivel.

5. Ora

Por nada estéis afanosos, sino sean conocidas vuestras peticiones delante de Dios en toda oración y ruego, con acción de gracias. Y la paz de Dios, que sobrepasa todo entendimiento, guardará vuestros corazones y vuestros pensamientos en Cristo Jesús (Filipenses 4: 6-7).

Por nada estemos afanosos, sino que oremos. Después de muchos años, entendí la importancia de la oración de una manera diferente. Antes, si conocía un problema de alguien, me cargaba tratando de resolverlo. Me di cuenta de que cuando recibo esa carga es para orar. Hay cosas que uno sabe, pero llega el momento en que las internaliza. Ahora, cuando me presentan un problema, le pregunto a Dios si oro o ayudo. Hay problemas donde lo único que puedo hacer es orar.

Lo curioso de la historia de David es que David se fortalece en Dios antes de consultarle. Eso te demuestra la pausa que hizo David. Muchas personas quieren consultar a Dios sin fortalecerse. Si Dios te pide o te habla algo cuando le consultas, ¿podrás recibirlo sin estar fortalecido? No. Sea cual sea la noticia, primero tienes que prepararte para recibirla.

¿Puedes decir que por causa de que Dios ha estado trabajando contigo en los pasados meses o en los pasados años, ahora que llegó la crisis no te has derrumbado porque estabas fortalecido en tu interior, y la puedes soportar? Ahora puedes saber qué hay que hacer. Si el problema que tienes hoy te hubiera llegado cinco años atrás, probablemente no hubieras estado en el estado mental ni físico que estás hoy. Tal vez no tuvieras las relaciones que tienes hoy para recibir apoyo y consejo referente a lo que tienes que hacer. Así que lo que Dios hizo fue llevarte por un proceso de fortalecerte para que cuando llegara este momento, tú pudieras hacer lo que tienes que hacer.

11

REESCRIBE TUS MEMORIAS

David aprendió a caminar en medio del ambiente. David se olvidó de los que lo querían apedrear. David hizo una pausa para fortalecer su hombre interior.

Mejor es ir a la casa del luto que a la casa del banquete; porque aquello es el fin de todos los hombres, y el que vive lo pondrá en su corazón. Mejor es el pesar que la risa; porque con la tristeza del rostro se enmendará el corazón. El corazón de los sabios está en la casa del luto; mas el corazón de los insensatos, en la casa en que hay alegría (Eclesiastés 7: 2-4).

Salomón dice que es mejor estar en la casa del luto porque cuando tú llegas, no hay nadie allí. Es imposible entrar a un velorio y no meditar, aunque sea por un minuto. Tan pronto sabes que alguien ha muerto, comienzas a preguntar lo correcto, y le das a tu familia el tiempo que tienes que darle. Muchos de nosotros no pensamos en las cosas que deberíamos cambiar hasta que nos enfrentamos a la muerte de alguien.

Vivimos de una manera tan automática que solo los inteligentes se toman un tiempo durante la semana para detenerse, evaluar y arreglar el corazón. Para poder fortalecernos en el Señor, la mente es muy importante. Aunque la fortaleza proviene del espíritu, tu mente constantemente intenta interrumpir lo que el Señor quiere hacer con tu ser interior. Tu mente tiene dos funciones básicas: la capacidad de memoria y la capacidad de imaginación.

> Tus memorias tienen la capacidad de afectar tu futuro negativa o positivamente.

Tú usas tu mente para recordar e imaginar. Tú resuelves problemas basándote en el archivo que tienes o imaginando la solución. Ambas funciones están íntimamente ligadas. Tu imaginación es afectada por tus memorias. La razón por la que las personas no pueden ver un futuro claro es porque las memorias que tienen no se lo permiten ver. Tus memorias tienen la capacidad de afectar tu futuro negativa o positivamente. Lo trágico que tú has vivido, alguien lo puede convertir en su pasión y sacarle provecho, mientras que a ti, por el contrario, te deprime. Hay personas que han tenido tu mismo problema y diferente a ti, ellos se han hecho millonarios enfrentando el problema de una manera diferente. Han utilizado la tragedia para proyectarse de otra forma.

Tu proyección hacia el futuro sirve también para arreglar tus memorias. Es imposible, aún para Dios, borrar tus memorias. Él se olvida de tu pasado, pero ha tratado de que tú te olvides y tú no te olvidas. Cuando tú recibiste a Cristo, Él enterró tu pasado en el fondo del mar. Cuando Él te ve, no ve nada de tu pasado. Cuando Él te mira, ve la sangre de Cristo sobre ti. Como lo que Él ve es la sangre de Cristo, pues todo ha sido borrón y cuenta nueva, no hay nada. Él no te ve ni a ti; Él ve a Cristo en ti. Él te ve a través de Cristo.

Dios no puede hacerte olvidar tus memorias porque las personas se han creído que sus memorias son ellos. Tú no eres tu pasado. El mundo siempre le da poder a lo que tú eras, como hicieron con Rahab, la ramera en la Biblia. Lo que debemos pensar es que si Dios usó a una ramera para traer la libertad a Su pueblo, Él usa a todo tipo de persona, y la transforma para Su gloria.

En el Antiguo Testamento, Dios se llama el Dios de Abraham, el Dios de Isaac y el Dios de Jacob. Sin embargo, más adelante vemos que Dios le cambió el nombre a Jacob por Israel. Y es que a Dios no le importa identificarse con la peor parte de tu vida. Dios no cuenta tu pasado para tu futuro, ni siquiera lo recuerda. Somos nosotros los que insistimos en no borrar nuestro pasado de nuestra mente. Por esa razón, cuando Dios te habla, Él te profetiza tu futuro. Como Él no puede hacerte olvidar tu pasado, te profetiza tu futuro para que tú reescribas tus memorias. Dios te profetiza para dónde vas, cómo Él te ve y cómo Él te quiere, para que tú reescribas tus memorias, y les des un nuevo final.

A los creyentes se nos hace difícil borrar el pasado, pero borramos rápidamente de nuestra mente de lo que Dios ha hecho por nosotros. El problema del pueblo de Israel fue un problema de memoria. Vivieron cuarenta años en el desierto recordando el pescado de balde, las cebollas y los ajos de Egipto. No recordaban los azotes que recibieron de los egipcios, los 400 años de trabajos forzados, ni los ladrillos. Pero el pueblo olvidó el hecho de que ninguna de las plagas que llegaron a Egipto los tocaron a ellos. Olvidaron que Dios abrió el Mar Rojo y caminaron en seco hasta el otro lado, mientras los egipcios que les seguían morían ahogados. Olvidaron que Dios los sacó de Egipto con plata y oro, y ningún enfermo entre ellos. Olvidaron que Dios brotó agua de una peña cuando estaban sedientos. Olvidaron lo que nunca debieron olvidar. Ellos olvidaban por lapsos, pero por eso Moisés escribe un salmo con un cántico que les recordaba todo esto. Incluso David escribe el Salmo 103, y le habla a su mente diciéndole que no olvide ninguno de los beneficios de Dios.

¿Cuál es el problema del dinero? Que a muchos se les olvida que fue Dios quien se lo dio. Dios te da el poder de hacer las riquezas. Si algo bueno tiene el dinero es que te hace olvidar muchas cosas; el problema está en que se te olvide lo que no se te debe olvidar.

¡Qué fácil se nos hace recordar los problemas, y olvidar todo lo que Dios ha hecho por nosotros!

Yo oigo a personas, diez años después de convertidos, quejándose y contando solo problemas. Si yo te diera una libreta para que anotaras cien cosas que Dios ha hecho por ti, estoy seguro de que pasarías trabajo para conseguir las cien, y estoy seguro de que Dios ha hecho más de cien cosas por ti. Empiezas a pensar: ¿Escribo esto o no lo escribo; fue Dios o no fue Dios? Pero tienes presente el día que le pediste a Dios algo, y no sucedió.

> ¡Qué fácil se nos hace recordar los problemas, y olvidar todo lo que Dios ha hecho por nosotros!

A la edad de cuatro años, yo dejé de respirar por cinco o seis minutos, me llevaron de hospital en hospital, nadie quería atender mi caso, y un médico jovencito se hizo cargo. Hace treinta y cinco años yo estaba en un ventilador, y Dios me sacó de aquel lugar. ¡Y qué fácil es ante un problema olvidarte de lo que Dios ha hecho! Tu memoria es la que mata tu descanso, tu sueño y tu futuro. Tu memoria te roba tu presente.

Decide que tu memoria no te va a robar ni un minuto más de tu presente, de tu descanso, y mucho menos te va a robar el sueño que Dios ha profetizado sobre tu vida. Lo que Dios ha dicho que va a hacer contigo lo va a hacer en el nombre poderoso de Su Hijo Jesús. Nuestra memoria es vital en el tiempo de crisis. Si nosotros aprendemos a reorganizar la realidad y el tiempo que estamos viviendo, entonces podemos realmente crecer en confianza.

Si tú no eres capaz de reorganizar los pensamientos que te trajo la crisis, vas a crecer perturbado, vas a crecer triste, anulando tu futuro. Cuando vamos a la Biblia, observamos dos hombres que cometieron el mismo error, y tuvieron dos finales diferentes. Pedro negó a Jesús y Judás traicionó al Maestro. El pecado de Pedro, ¿fue más grande que el de Judas? ¿Cuál de los dos fue el peor pecado? ¿Cuál fue el peor error? Ambos fueron iguales. ¿Cuál fue la diferencia? A Judás lo traicionó el recuerdo de haber entregado sangre inocente. Judas no vivió ni dos días con lo que había hecho. Judas no pudo vivir ni dos días con ese recuerdo. Si tan solo hubiese esperado que Cristo resucitara, hubiese hallado salvación.

Por otro lado, cuando Pedro negó a Jesús, la Palabra dice que lloró amargamente, renunció a todo, se fue a las barcas. Estaba deprimido y triste, pero no terminó con su vida. Eso le dio la oportunidad de que Cristo se encontrara con Él. ¿Tú crees que Cristo no había perdonado a Judas? Claro que sí, Él lo perdonó antes de que Judas lo entregara. ¿Tú crees que Jesús no hubiera podido mirar a Judas a los ojos y decirle: Tranquilo, si no eras tú era alguien, yo te perdono, esto es algo que iba a pasar? ¿Tú crees que Cristo no pudo haber cambiado la historia de Judas, y haberlo hecho el predicador más grande? Hizo a Pablo el predicador más grande del Nuevo Testamento, luego de perseguir y matar a muchos de los seguidores de Jesús. Cambió a un hombre que hacía el mal para hacer el bien. ¿Cuál fue el problema de Judas? La memoria no lo dejó vivir, el recuerdo del pasado lo persiguió y lo alcanzó. Pedro cometió el mismo error, lo negó, pero tuvo más tiempo para pensar, reflexionar, y pudo reescribir su historia.

Dios quiere darte la capacidad de reescribir tu historia y tu vida. Yo sé que llega una crisis, y en seguida empezamos a pensar en lo que hicimos. Lo que te está pasando hoy no tiene que ver con lo que te pasó hace diez años porque Dios te perdonó. Tú tienes que entender que lo que está pasando hoy es porque es la vida; es lo que está pasando hoy.

¿Tomaste malas decisiones que tuvieron malas consecuencias? Claro que sí, pero de todas ellas Dios te puede librar, y te puede dar la oportunidad de reescribir tu historia.

> *Su inmundicia está en sus faldas, y no se acordó de su fin; Por tanto, ella ha descendido sorprendentemente, y no tiene quien la consuele. Mira, oh Jehová, mi aflicción, porque el enemigo se ha engrandecido* (Lamentaciones 1:9).

NUNCA OLVIDES TU DESTINO

Tú no tienes crisis por el problema. Tu crisis llega cuando te olvidas de tu final. Cuando olvidas tu destino, cuando olvidas lo que Dios te ha llamado a hacer, eso es devastador. Tu crisis viene cuando el problema te hace olvidar el destino que Dios tiene para ti. No puedes permitir que ninguna crisis te haga olvidar tu final porque si mantienes claro tu final, tú puedes reescribir tu historia como quieras y ordenar todas las cosas. Nunca te olvides de lo que Dios te ha prometido.

Muchas personas buscan profecías como el mundo busca el horóscopo. Aclaro que yo creo en el don profético, pero creo que la profecía te debe buscar a ti y no tú a ella. Cuando Dios te la quiere dar, la Palabra va a encontrarte a ti. La palabra profética más segura que tú tienes es cuando tú recuerdas lo que Dios ha hecho contigo. Para ti, la palabra más segura es la Palabra de Dios. Lo que Dios ha hecho contigo establece tu futuro.

Cuando tú recuerdas lo que Dios ha hecho contigo, tú abres tu futuro profético. Cuando Saúl menospreció a David, David pudo haber aceptado que él no servía. David no buscó esa

> Lo que Dios ha hecho contigo establece tu futuro.

memoria. Buscó la memoria correcta, miró a Saúl a los ojos y le dijo "Maté al oso y al león". Y cuando él recordó ese pasado, dijo que Goliat sería como nada.

¿Qué te dice tu pasado, que puedes tener victoria o que no te vas a levantar? Dentro de ti hay dos pasados: uno que te dice que tú no sirves, y otro que te dice que nadie te ama. Pero si buscas más adentro, de seguro que en tus momentos de soledad mataste un oso o un león. Y puedes decir: "Si Dios me hizo que yo matara aquel oso, este Goliat será como nada".

Tu memoria te grita que puedes vencer. Si buscas en tu memoria lo que Dios hizo por ti quince o veinte años atrás, eso te profetizará que tu futuro está delante de ti lleno de victoria, de bendición y de poder. Tu pasado profetiza tu futuro. Por eso nunca puedes olvidarte de tu destino en Dios, y tienes que oír la voz correcta de tu pasado.

Hay personas que ya han pasado por unas cosas que te deberían decir: "El amor de Dios está sobre mí, y esto no va a acabar conmigo ni con mi vida". Y esa esperanza debería darte la firmeza para seguir adelante. Mira hacia atrás cómo Dios se metió contigo en el horno de fuego. Mira hacia atrás cómo Dios le tapó la boca a los leones. Mira hacia atrás cómo Dios te dio la victoria sobre los Goliat de la vida. Mira hacia atrás cómo cuando el mundo te estaba rodeando, tus ojos se abrieron, y te diste cuenta que mayores eran los que estaban contigo que los que estaban en el mundo.

Hoy tú deberías caminar con una seguridad, con una certeza de que Dios va contigo porque la esperanza que tú tienes hoy viene como resultado de que tú has vencido en medio de las tribulaciones. Ten la confianza de que no hay nada que estés enfrentando que no puedas vencer porque cuando miras atrás, verás que cuando perseveraste, Dios te sacó del lugar donde estabas. Tú tienes suficiente evidencia para saber que todo va a estar bien. Su amor debe ser suficiente para llevarte a alcanzar todo lo que Él te ha prometido.

> No permitas que la crisis te haga olvidar tu destino.

¿Quieres fortalecerte en Dios? No permitas que la crisis te haga olvidar tu destino. Si te hace olvidar tu destino, entonces terminó contigo. Tú no fuiste hecho para la pobreza. Tú no fuiste hecho para la maldición, ni para la enfermedad, ni para vivir en depresión. Si sufriste eso por un tiempo, levántate; todos hemos tenido altas y bajas. Pablo dijo:

> *No lo digo porque tenga escasez, pues he aprendido a contentarme, cualquiera que sea mi situación* (Filipenses 4:11).

12

CONSULTA CON DIOS ANTES DE ACTUAR

David había pensado que en Siclag iba a estar en paz porque no tenía a Saúl persiguiéndolo, pero cometió un gran error al aliarse con los filisteos. Hizo un pacto con Aquis, y para demostrarle que estaba en paz con él, empezó a pelear las batallas de Aquis. Destruyó ciudades en nombre de otro ejército que no era el suyo. En 1 Samuel 29, creo yo que por orden divino, la tierra que quedaba por conquistar era Israel. Por el pacto que David tenía con Aquis, él tenía que luchar y matar a Saúl, a quien no había querido matar.

En el capítulo 29, a los filisteos les dio miedo con David, y le dijeron a Aquis que no se unirían a él mientras David estuviera porque algún día se iba a rebelar contra ellos. Los filisteos sabían que David había sido quien les había ganado en el campamento. Aquis, para mantenerse en pacto con los filisteos, le dijo a David que se fuera, liberando a David de aquel pacto. Pero sabemos que eso era Dios obrando porque Dios sabía lo que iba a pasar. David iba a tener que ir a pelear, y destruir el lugar que él había sido llamado a reinar.

Entonces cuando llegó a Siclag, David encontró su ciudad destruida. Se fortaleció en Dios, y volvió a hacer lo que tenía que hacer desde un principio: consultar a Dios.

¿Cuándo David se metió en problemas? Cuando decidió seguir su corazón sin consultar a Dios. La crisis de David en Siclag fue resultado de su mala decisión. Un hombre como él, que consultó a Dios en el desierto (1 Samuel 23:2-4), lo vemos más adelante en el capítulo 27, consultar a su corazón y no a Dios. Como consecuencia terminó luchando en batallas que no eran suyas. David ahora vuelve a consultarle a Dios porque el gran error de no hacerlo antes le había provocado el problema que atravesaba.

¿Cuándo es que tú te has metido en problemas?¿Cuáles fueron los problemas que tuvo David?

Se unió a personas con quienes nunca debió haber tenido un acuerdo. Se cansó de huir de Saúl, le dio miedo la muerte, y el miedo lo hizo unirse con las personas incorrectas y meterse en el campamento incorrecto.Tuvo un poco de descanso, pero tuvo que pelear las batallas de otro, que él no estaba llamado a pelear.

¿Cuántos problemas estás peleando que no son tuyos? Son problemas de otros, pero se han convertido en tus problemas porque te has metido en el campamento incorrecto. Hay muchas personas buscando esas alianzas, metiéndose en asuntos que no les corresponden. ¿Por qué las personas hacen pactos incorrectos? Porque se cansan de huir de los Saúl. Yo quiero que tú sepas que nunca llegarás a ser rey si no hay un Saúl detrás de ti. Y los Saúl se matan solos. Tú no fuiste llamado a matar a Saúl. Tú fuiste llamado a matar a Goliat, a los filisteos, a vencer el enemigo.

Hay personas que se mantienen luchando en la vida porque mantienen la energía, la estámina. Tal vez tú eres una de esas personas. Tú ibas a la iglesia, las cosas te estaban saliendo bien. Dejaste de ir, y como quiera las cosas te salieron bien porque aún tenías el impulso. Pero cuando se acaba el impulso, esa estámina, es como si te desinflaras. Es mejor detenerse, echar gasolina, que seguir con la ilusión. Por eso tienes que pausar, fortalecerte y consultar a Dios.

David consultó a su corazón. ¿Cuántas cosas tú has hecho porque te lo dijo el corazón, que te han causado que tu ciudad esté quemada? ¿Cuántas decisiones has tomado guiado por tu corazón, que te han hecho ir a pelear batallas de otros, y dejaste que se quemara tu ciudad?

David consultó a Dios. Saúl comenzó a consultar adivinos y a depender de la suerte. Si malo es depender del corazón, peor es depender de la suerte. Hay personas tan cansadas de intentarlo todo, que piensan: "Lo próximo que haga tiene que salir bien". Te pregunto: ¿Cuántas veces te vas a divorciar? Te dejaron y empezaste una relación con otra persona sin consultar a Dios, sin esperar un tiempo. ¿Estás casado y piensas "romper y rajar" creyendo que habrá otra persona diferente o mejor, sin darte cuenta de que eso es lo que estás atrayendo? El problema no es otro; el problema siempre ha estado en ti. ¿O te vas a sentar y vas a consultar con Dios?

Consulta con Dios. Pregúntale qué es lo que Él quiere que tú hagas. Dios te va a responder y va a dirigir tus pasos. "¿Y si cometo un error porque no escuché bien la voz de Dios?". Todo lo que tú hagas con el corazón sincero porque entendiste que eso era lo que Dios te dijo que hicieras, aunque cometas un error, Dios se va a encargar de ordenarlo todo, y todo te tiene que salir bien. Dios ve lo que otros no miran.

El problema de David comenzó cuando por las presiones del mundo y de quienes lo perseguían, se tornó a consultar su corazón, en vez de tornarse a Dios. Nada ni nadie es suficientemente importante como para que dejes de mirar a Dios, y tornes tu mirada a tu corazón. Si te dejas llevar por emociones, por lo que piensas, por los rostros de los demás, vas a tomar malas decisiones. Declara hoy: "Yo le voy a creer a Dios, y la próxima decisión que yo tome la voy a tomar con la seguridad de haberle consultado y haberle escuchado".

Lo grande es que cada vez que consultas a Dios y Él te dice que hagas algo, cada instrucción de Dios viene con una recompensa. David dijo: "los perseguiré", y le consultó a Dios: Dime, Señor, ¿los alcanzaré, recuperaré lo perdido? ¡Dime! En su respuesta, Dios le dio las instrucciones y la promesa: *"Persíguelos, ciertamente los vas a alcanzar y lo vas a recuperar todo"*. Dios nunca te va a pedir que hagas algo sin darte una recompensa.

No te precipites a hacer algo si Él no te ha dicho que lo persigas. No te muevas por emociones, ni por lo que sientes. Se acabó eso de vivir por emociones, por corajes, por odios o temor. Si estás harto de vivir con miedo de que van a terminar contigo, olvídate de eso. El 95% de las cosas a las que temes, nunca van a pasar.

¿Cuántas veces has salido corriendo de una situación por temor, por cansancio, porque "hay que trabajar duro"? No es que haya que trabajar duro. La pregunta es en qué Dios quiere que trabajes duro. De todas las alternativas que veas, vas a obtener los mejores resultados si trabajas en las que Dios quiere que trabajes duro. Persigue lo que Dios te dice que persigas.

Cuando Dios te dice que hagas algo, siempre te lo va a dar con una promesa. Y cuando Dios te dice que lo persigas, ciertamente lo alcanzarás. Nunca dejes de consultar a Dios. El corazón es engañoso. El corazón te va a decir que hay personas que quieren hacerte bien, y lo que quieren es hacerte mal. El corazón te va a decir que hay personas que

> Cuando Dios te dice que hagas algo, siempre te lo va a dar con una promesa.

quieren hacerte mal, y en realidad quieren hacerte bien. Olvídate de ese odio hacia esa persona. Ella no va a cambiar. En realidad, todo el mundo merece una oportunidad. Consulta a Dios.

Pídele perdón a Dios porque en tu caminar dejaste de consultarle. David se arrepintió verdaderamente porque consultó a Dios. El verdadero arrepentimiento es cuando consultamos a Dios todas nuestras decisiones. Acepta que has tomado malas decisiones bajo emociones, y enfréntate con la realidad de que han quemado cierta parte de tu vida. Tienes que dejar esa ciudad. Siclag nunca más va a ser tuya, pero hay cosas que estaban en Siclag que Dios va a permitir que tú recuperes. Deja que Dios obre en tu corazón. Él limpia tu corazón, ordena tu vida, y te da convicción en tu espíritu.

Vienen tiempos de gozo, de victoria, vienen tiempos de recuperarlo todo. Vienen tiempos de transformación, de renovación, de cambios. Consulta a Dios. Comprométete con Dios y dile: "Dios, no vuelvo a tomar una decisión más en mi vida sin consultar a ti primero".

13

LA LUZ Y LA PERFECCIÓN DE DIOS

Dios nos está dando una orden divina de perseguir, alcanzar y recuperar todo lo que el enemigo se ha querido robar. Lo primero que hay que hacer en medio de las crisis de la vida es pausar. Cada situación tiene un tiempo diferente de pausa.

Esa pausa para consultar a Dios tiene dos aspectos. David, al principio de su reinado, preguntaba todo a Dios. A través de la historia de David vemos varias ocasiones donde David comete el error de no consultar a Dios y, por lo tanto, tiene consecuencias negativas.

En una ocasión, David tenía la buena intención de traer de regreso a la ciudad de Jerusalén el arca del pacto. Preparó un carruaje nuevo, bonito, y usó los mejores bueyes para cargar el arca. A mitad del camino hacia Jerusalén, el carruaje empezó a tropezar, a tambalearse (Véase 2 Samuel 6:3-7). De pronto sucedió que el arca se fue a caer, y Uza trató de cargar el arca e instantáneamente cayó muerto. Aquella caravana de celebración se convirtió en una procesión fúnebre.

David, lleno de miedo, no se atrevió a continuar con el arca, y decidió dejarla en la casa de Obed-edom. Como todos nosotros de vez en cuando, pensó: Yo no fui llamado para esto, esto fue una mala idea, murió alguien en el camino, esto no debió haber ocurrido. El arca del pacto permaneció en la casa de Obed-edom durante tres meses. Entonces llegaron noticias a David diciendo: *"Jehová ha bendecido la casa de Obed-edom, a causa del arca de Dios"* (2 Samuel 6:12). ¿Te das cuenta? Todo fue transformado por la presencia de Dios en ese lugar.

Nada como la presencia de Dios. En noventa días Dios no tan solo puede cambiar todo en tu vida, sino que puede cambiar toda una ciudad por tener la presencia de Dios. Si tienes la presencia de Dios en el centro de tu hogar, tu vecindario completo puede cambiar, tus hijos pueden ser transformados.

Esas noticias le llegaron a David y dijo: Me tengo que llevar el arca. Pero en esta ocasión consultó con Dios y se dio cuenta de que Él tenía que llevar el arca como Dios había dicho: sobre los hombros de los levitas y no con bueyes, porque la presencia y la gracia de Dios no fue hecha para ser cargada por los animales. Ellos no fueron hechos a imagen y semejanza de Dios. Ningún animal tiene el derecho de cargar la presencia de Dios, solo humanos como tú y yo, aun con nuestras imperfecciones. Somos la única especie en esta tierra que podemos cargar la misma gloria de Dios. Y aunque David tenía una buena intención, había olvidado ese detalle.

Lo importante fue que David aprendió. ¿Cuántas personas pasan noventa, ciento ochenta días, dos años, tres años... viendo a otros obtener los resultados que ellos también podrían alcanzar, y por no tener la humildad de consultar, no han recibido lo que desean? Consultar a Dios es un acto de humildad, de dependencia, de honra y de sometimiento.

Consultar a Dios es un acto de humildad, de dependencia, de honra y de sometimiento.

Consultar es decir: "No lo sé todo". "Necesito ayuda". Es aceptar mis limitaciones. Preguntar es un acto de deseo, de humildad, de decir: "Señor, aquí estoy, quiero honrarte, quiero bendecirte. Mi actitud en mi corazón es presentarme delante de ti, escuchar tu voz y consultar lo que Tú tienes que decir".

El problema del ser humano en muchas ocasiones es un problema de orgullo. La persona que no consulta con nadie es la que dice: "Yo lo sé todo. No necesito escuchar a nadie". Hay personas que no van a la iglesia porque se les hace muy complicado y difícil sentarse a escuchar a otra persona, y admitir que necesitan recibir algo diferente a lo que saben.

David consultó a Dios. Él se dio cuenta de lo que tenía que hacer. Fue suficientemente humilde para admitir que la primera vez lo había hecho mal. Una de las razones por la cual muchas cargas destinadas para tu casa se han quedado a mitad de camino es por la falta de humildad para aceptar que la primera vez lo hiciste mal. Entonces lo que prefiere la mente es echarle la culpa a otros, a la situación, a la economía, en vez de decir: "Lo hice mal, tengo que volverlo a hacer. Lo hice de la forma incorrecta, tengo que arreglarlo".

Eso es lo que falta en la familia de hoy. Los padres no somos perfectos, y Dios no pretende que lo seamos; pero sí desea que seamos humildes. El día que cometas un error, sé capaz de decir: "Perdón, lo hice mal". Tú no puedes decir: "Yo soy tu papá y se acabó". Lo grande es que decimos que seguimos a Cristo, pero no vivimos a la altura de Cristo.

Con esa humildad vivía Cristo; con gran confianza, Él sabía seguir la voluntad de Su Padre. No hacía nada sin consultarle. Decía: "Yo no digo nada que Él no diga que yo diga. Yo no hago nada que Él no ha dicho que yo haga. No me muevo hasta que Él diga". Jesús fue capaz de permitir que Juan el Bautista lo bautizara. Juan no quería bautizarlo, pero Cristo le dijo: "Yo tengo que ser bautizado por ti. Si tú no me abres el camino, si no me das la dirección, no lo puedo hacer correctamente" (Mateo 3:13-15 parafraseado).

Cuando lo dejas todo en tu casa para ir a la iglesia, Dios lo honra porque con esa acción tú dices: "Yo necesito algo que nadie me puede dar y el único que me lo puede dar es el Dios Todopoderoso". Es un acto simple, pero es tan grande, tan poderoso y tan lleno de autoridad que da paso a que se pueda manifestar la bendición. El mero hecho de tener la humildad y la sencillez de corazón para consultar a Dios va a traer grandes bendiciones a tu vida.

El acto de consultar a Dios demuestra la madurez del corazón de una persona. Demuestra que a la persona no se le ha ido el título a la cabeza. Demuestra que la persona reconoce su posición. Una de las cosas que hizo caer a Saúl fue presentar una ofrenda cuando le correspondía al sacerdote presentarla. No tuvo paciencia para esperar el orden correcto, y Dios lo desechó. Si él no era capaz de someterse a un hombre, no era capaz de someterse a Dios.

Dios dice en Su Palabra que si tú tienes un jefe impío, lo honres como tu jefe; sírvele como si le sirvieras a Dios. No por él, simplemente porque él es la cabeza sobre ti en ese trabajo, y si tú honras la autoridad que ves, honras a Dios, que no lo ves. En nuestra sociedad tenemos el problema de no honrar las posiciones. Tal vez alguien no honra el puesto que ocupa como tú piensas que lo debe honrar, pero antes que a la persona, hay que honrar la posición. Algo que me incomoda es la forma en que algunos se dirigen a personas que están en autoridad. No entienden que porque estas personas ocupan puestos de autoridad sobre nosotros, delante de Dios, estamos llamados a respetarlas.

Algo que le gustaba a Dios de David era que cuando cometía un error, sabía pedir perdón. Si Dios repudia el pecado y le molesta cuando haces mal las cosas, más le molesta la rebeldía de no decir: Perdón, lo hice mal y lo voy a arreglar. En el caso de llevar el arca del pacto a Jerusalén, había precedentes que David podía buscar para informarse. Pero ¿qué pasa cuando no hay precedente? ¿Qué pasa con lo ocurrido en 1 Samuel 30? En una situación nueva donde no puedes buscar un precedente para saber la manera correcta de hacer lo que tienes que hacer, ¿qué haces? Consultas a Dios.

David mandó a buscar el efod y al sumo sacerdote. Este hombre había huído cuando Saúl había matado a todos los profetas y sumos sacerdotes. Había escapado con el efod, que era una túnica que usaba el sumo sacerdote para consultar a Dios. Dentro de esta pieza había dos piedras muy importantes y misteriosas: Urim y Turim. Esto que vemos en el Antiguo Testamento era una sombra de lo que vemos hoy en la relación con el Espíritu de Dios. El sumo sacerdote podía entrar al lugar santísimo en más de una ocasión durante el año. Hay personas que piensan que él podía entrar solo una vez al año. Él entraba una vez al año a presentar la ofrenda de expiación, para libertar al pueblo de los pecados. Sin embargo, tenía autorización para entrar cuantas veces necesitara para recibir instrucción del Señor.

Tú ves a través de la Biblia a los hombres de Dios consultar al sumo sacerdote las decisiones que tenían que tomar. El sumo sacerdote se paraba en el lugar santísimo con el efod y estas dos piedras: Urim y Turim. Esto es sombra del Nuevo Testamento (Véase 1 Pedro 1:5) donde dice que somos piedras vivas. Como Cristo no había venido, Dios se hacía presente a través de objetos naturales. Por eso lo veían en una columna de fuego y de nubes, manifestaciones visibles y tangibles, sombra de lo que Dios quería hacer con nosotros. Ahora la mayor manifestación de Dios es que tú ardes por dentro con la presencia del Espíritu Santo.

La piedra Urim significa "luces" y la piedra Turim significa "perfección". Cuando el sumo sacerdote le consultaba a Dios, se dice que estas piedras comenzaban a vibrar, y se encendían y se llenaban de una energía. El sumo sacerdote tomaba esas piedras en sus manos y su interior se iluminaba. La primera piedra que se activaba era la piedra del Urim porque representa las luces, y tú no puedes consultar a Dios si no hay luz en tu vida. Lo primero que Dios creó Dios fue la luz. En medio de un caos, lo primero que tú necesitas es encender la luz. El problema es que hay muchas personas que no quieren encender la luz en su vida porque no quieren ver el desorden que hay. No es hasta que enciendes la luz y te enfrentas a tu realidad que puedes tomar decisiones perfectas para salir de la crisis.

Dios encendía la luz primero para que el sumo sacerdote viera las cosas claras. Tú nunca podrás saber qué hacer en medio de una crisis si no enciendes la luz. Tú puedes tomar las decisiones correctas solo cuando ves con claridad todas las perspectivas y todos los puntos de vista. Alguien tiene que encender la luz en medio de tu crisis para que puedas ver y decidir lo correcto.

Luego de que se encendía la piedra de Urim, entonces se encendía la piedra de Turim, que significa "perfección". Eso representaba que el sumo sacerdote ahora conocía la perfección de Dios para poner en orden toda la situación. Luego de que se encendía la luz, ahora Dios empezaba a mostrar el camino perfecto para la situación.

¿Cuándo se encendió la luz en la vida de Josué? Cuando Dios le dijo que entrara y poseyera la tierra (Véase Josué 1:3,15). El Turim se encendió cuando le dijo el plan de darle a la muralla de Jericó una vuelta por día y al séptimo día, siete vueltas (Véase Josué 6:2-5). El plan era muy lógico para Dios porque el pueblo se había pasado cuarenta años dando vueltas. Yo me imagino que Dios dijo: "Voy a usar las mismas vueltas que tú has dado. Durante cuarenta años estuviste hablando mientras dabas vueltas en el desierto. Esta vez vas a dar vueltas callado. Cuando hables por primera vez después de dar esas vueltas, la muralla se va a derrumbar ante ti, y vas a poseer la tierra".

Los caminos de Dios son perfectos, no porque te parecen lógicos a ti, sino porque a Él le parecen inteligentes. Y Él es el Dios de la perfección. Hay un camino perfecto para tu vida.

Tú eres una piedra viva que puedes activar hoy. En ti se pueden activar la luz y la perfección: la luz para ver la situación y la perfección para saber el camino. La pregunta es si estás dispuesto a que el Espíritu Santo venga sobre ti, active la luz en tu vida y veas el camino perfecto de Dios

> En ti se pueden activar la luz y la perfección: la luz para ver la situación y la perfección para saber el camino.

para ti. Solo recuerda bien que la Biblia dice que tus pensamientos no son Sus pensamientos, ni tus caminos, Sus caminos (Véase Isaías 55:8-9). Recuerda que dice que hay caminos que al hombre le parecen derechos, parecen honestos, pero son caminos de muerte (Véase Proverbios 14:12); no es lo que Dios quiere para nuestras vidas.

No aceptamos los caminos perfectos porque no permitimos que la luz de Dios se manifieste en nosotros. Preferimos quedarnos en la crisis, estancados, en vez de buscar el efod y decir: "Necesito luz. Necesito ver el camino perfecto. Necesito aceptar esos caminos como perfectos. Necesito ver que es por aquí por donde Dios me está dirigiendo".

Para buscar el Urim y el Turim hoy no hace falta buscar unas piedras. Ahora Dios se quiere meter en ti. Antes, Él brillaba en el arca del pacto, sobre el templo, pero ahora brilla dentro de ti. ¿Por qué no se enciende el espíritu? Porque muchas veces no buscamos la verdadera piedra de la Palabra del Señor. No consultamos a Dios, y no nos permitimos recibir una Palabra del Señor, una revelación.

Dios nos va trazando el camino, y su camino es perfecto. Es que no sabemos hacia dónde vamos. Y aunque no sabes hacia dónde vas, como le has consultado a Dios, Él te abrirá el camino perfecto. Como tu corazón está dispuesto a seguir lo que Él quiere que tú hagas, si hay algo qué corregir en el camino, lo vas a corregir. Dios te va dando luz en el camino, Dios te va dando perfección y Dios te va mostrando Su gloria. Dale a Dios la oportunidad de darte un camino mejor porque tu mañana se verá diez veces mejor que hoy. Tu futuro se ve más grande de lo que tú piensas hoy. No lo anules. No lo canceles.

Lee un momento Romanos 3:1-2:

> *¿Qué ventaja tiene, pues, el judío? ¿o de qué aprovecha la circuncisión? Mucho, en todas maneras. Primero, ciertamente, que les ha sido confiada la palabra de Dios.*

En el original, "la palabra" viene de "oráculos" o "los misterios" de Dios.

¡Por supuesto que tenían muchas ventajas!

¿Cómo se le gana a un ejército que puede parar el Sol, que canta, que sale corriendo y derrumba murallas solo dando vueltas? ¿Cómo puedes matar a un pueblo que sabe sacar agua del desierto, la ropa no se le envejece, las mujeres dan a luz más rápido (y no puedes matar a sus hijos) y tienen una vara que abre el mar?

Los judíos tenían ventaja como tú la tienes en el día de hoy, lo que pasa es que no lo sabemos. A nosotros se nos revelan los misterios que otros no saben. Lo que pasa es que no lo entiendes. Tú muchas veces no vas a la iglesia buscando luz; vas para cumplir. Dice la Biblia que a los judíos les fue confiada la Palabra. Ahora esa ventaja la tiene la Iglesia.

Tú tienes ventaja porque tienes acceso a los oráculos, a los misterios de Dios. Si en esta hora los comienzas a activar, el poder del Espíritu Santo puede traer a tu vida dos cosas que antes no tenías activadas. Puede levantarse el Urim y el Turim en tu vida. Reclámalos para ti. Debe levantarse la luz y la perfección. Delante de ti se te va a abrir el camino, y tú vas a comenzar a caminar seguro. Yo no te digo que vas a saber lo que vas a hacer. Vas a saber que hay alguien que sabe todo lo que tú vas a hacer, que cuando Él te diga "Persíguelo", lo vas a perseguir.

Tú no sabes qué va a pasar en el camino. No sabes si te vas a encontrar con alguien o quién se va a quitar del lado tuyo. Tú no sabes lo que va a pasar. Lo que tú sabes es que tienes una directriz clara y precisa para hacer lo que tienes que hacer. Vas a tener la oportunidad de que Dios te abra las puertas delante de ti, y te muestre sus planes contigo y toda Su gloria.

> Lo que tú sabes es que tienes una directriz clara y precisa para hacer lo que tienes que hacer.

Tú no te deberías morir ni rendirte ante las oportunidades que Dios tiene para tu vida. Dios va a comenzar a abrir un nuevo camino delante de ti. Va a abrir puertas que tú jamás habías pensado. Cuando menos lo pienses, la luz se va a encender dentro de ti. Todo lo que hace falta es alguien que tenga un corazón humilde y sincero, y diga: "Señor, si lo hice mal ayer, hoy te voy a consultar y lo voy a arreglar. Voy a tener la seguridad de que si comienzo a caminar, la luz y la perfección me van a acompañar".

Tú no sabes para dónde Él te lleva si tú le pides que se active en ti el poder del Espíritu Santo, la luz y la perfección. Tú y yo no podemos saber las consecuencias de todas nuestras decisiones. Lo único que podemos es estar seguros de que hicimos lo que comprendimos que Dios nos pidió que hiciéramos.

Los caminos de Dios son perfectos. Comienza a caminar en esa luz y en esa perfección. Disfruta cada segundo de ella, y permite que Él te abra el camino perfecto; que te lleve a conocer personas que jamás pensaste que ibas a conocer; que te lleve a lugares a donde jamás pensaste que ibas a llegar y que comiences a ver las oportunidades que Dios está poniendo en tus manos. Vívelas al máximo. Espera la luz y la perfección de Dios en el momento de la crisis.

Nunca más tomes una decisión en medio de la crisis, sin pedir luz y perfección. La manera más fácil y más importante es la Palabra de Dios. Acerca tu efod y lee la Palabra. La crisis te puede hacer olvidar tu destino. No lo permitas porque si lo haces estarás perdido, y no habrá quien te consuele. Pero si la crisis no te puede hacer olvidar tu destino, ninguna crisis puede acabar contigo.

> Nunca más tomes una decisión en medio de la crisis, sin pedir luz y perfección.

Persíguelo, ciertamente los vas a alcanzar y lo vas a recuperar todo.

Lo que te hace falta es que llegue luz y perfección a tu vida, pero necesitas el corazón sincero para poderlos recibir.

14

LEVÁNTATE Y SIGUE HACIA ADELANTE

Lo que transforma tu vida no es solo la Palabra que escuchas en la iglesia, sino las acciones que tomas basadas en esa Palabra. Por eso yo creo que una revelación es tan buena como la próxima decisión que tomes. Si recibes una Palabra, y cuando sales de la iglesia, tomas decisiones alineadas a lo que recibiste, el mensaje se hace vivo y real. El predicador recibe, en diferentes formas, la inspiración para preparar mensajes. Dios llamó mi atención hacia esta frase específica dentro de 1 Samuel 30:8 (parafraseado):

Persíguelos porque ciertamente los alcanzarás por sorpresa, y recuperarás todo lo perdido.

Te he presentado el trasfondo histórico para darte unas declaraciones, una palabra que marque tu corazón, te inspire para tomar las próximas decisiones que tengas que tomar en tu vida,

> Persíguelos porque ciertamente los alcanzarás por sorpresa, y recuperarás todo lo perdido.

y obtengas lo que Dios le prometió al mismo David en un tiempo de crisis. Mira lo que dice 1 Samuel 30:2:

> *Y se habían llevado cautivas a las mujeres y a todos los que estaban allí, desde el menor hasta el mayor; pero a nadie habían dado muerte, sino se los habían llevado al seguir su camino.*

Los amalecitas no necesariamente fueron buscando esta ciudad; no estaba en su plan de ataque. Ellos iban para otra ciudad, pasaron por esta, y vieron una ciudad indefensa porque los hombres estaban luchando otras batallas en otros lugares. En su camino, se llevaron todo, incluyendo mujeres y niños.

A través de nuestra vida, hay cosas y relaciones que perdemos mientras vamos viviendo y desarrollándonos. Yo creo que has perdido tantas cosas en el camino de tu vida que no necesitarías dinero nuevo para hacerte millonario, si lo recuperaras todo. Te aseguro que si recuperaras todo lo que has perdido en el camino, estarías en una mejor situación económica de la que estás ahora. Es normal que en el camino se pierdan cosas materiales por mejor que seas y por más fiel que seas a Dios en tu administración. Todos vamos a perder cosas en el camino, aunque sea por el desgaste. Por ejemplo, es irreal e impráctico tener el mismo carro después de cierto número de años. Es como revivir un muerto; las piezas cada vez te cuestan más caras y no se encuentran.

Mientras se pierden unas cosas por el desgaste natural de las cosas, otras se pierden por malas decisiones. También se van a perder relaciones sin tener que haber razones negativas. Hay relaciones que se abandonan. Hay relaciones que son por un tiempo nada más, y tú lo tienes que entender. Hay personas que quieren llegar al final de su vida cargando con todas las personas con las que comenzaron. Eso es imposible. En el camino los intereses cambian, las vidas cambian, los deseos cambian. Hay cosas que ya no te interesan. Hay personas que ya no caben en tu vida, y si tu quieres mantenerte en el camino vas a tener que estar dispuesto a continuar sin ellas. Pero también hay personas que Dios ha asignado para que te acompañen hasta el final del camino. Por eso debes entender que hay tres tipos de relaciones: las de ayer, las de hoy y las de mañana.

Hay personas que van a estar en tu ayer, y tú le vas a dar gracias porque estuvieron en tu ayer. Hay personas que son de hoy, y hay personas que Dios tiene reservadas para tu mañana. Mientras tú insistes en retener a los de ayer para tu hoy, vas a perder a los que Dios tiene para ti mañana. Y los que Dios tiene para ti mañana son diez veces mejores que los que había en tu ayer.

En el camino se pueden perder creencias. Muchos han tenido que cambiar su manera de creer. La manera en que creías hace diez años te ayudó en una etapa del camino, pero te diste cuenta de que para seguir en el camino tienes que cambiar. Por eso has renovado tu manera de pensar. Hay personas que te dicen: "Tú no pensabas así hace diez años atrás". "Bueno, es que hace diez años yo no sabía lo que sé hoy. Hoy sé más. Aquello me ayudó hace diez años, pero hoy lo que me va a ayudar a llegar a un nuevo nivel es aprender cosas nuevas".

Lo único que no puedes perder en el camino es a ti mismo. Si perdiste otras cosas en el camino y no te has perdido a ti mismo, hay esperanza para tu vida.

> Lo único que no puedes perder en el camino es a ti mismo.

Cuando hablo de "tú", hablo de tu interior, de quien tú eres, de tu pasión y de tu valentía.

David sabía vivir en dos dimensiones diferentes; sabía tomar una espada y tocar un arpa. Vemos en esta crisis a ese hombre con un corazón sensible a Dios, que siente la presión y la tristeza. A muchas personas no les gusta que salga a flote la emoción, pero aun el mismo Cristo era un hombre sensible ante las situaciones de las personas. Él lloró cuando vio muerto a Lázaro, y se ocupó de Marta cuando vio su desesperación. Dice la Biblia que cuando vio la multitud, la miró con compasión (Véase Juan 11:33-35). No tuvo problema en demostrar cuando tenía coraje, cuando estaba cansado, cuando tenía que dormir. Así es que a Jesús no le molestaba mostrar las emociones que sentía, pero Jesús tenía algo que también tenía David, y que yo creo que le falta a muchos hombres y mujeres en la iglesia: conocer el momento correcto para expresar las emociones y el momento correcto para seguir adelante.

Hay un momento para tocar el arpa y un momento para tomar la espada. Hay un momento para llorar y para decir: "No puedo, me siento mal, estoy triste". Pero hay un momento para tomar la espada, tener valor y decir: "Yo voy a seguir hacia delante". Hay momentos de decir: "Me tengo que levantar". Hay que seguir porque se puede perder cualquier cosa en el camino, pero que no se pierda el corazón de valentía y de pasión de ser un guerrero y seguir hacia delante.

No se trata de que no llores; vemos a un David guerrero llorar. No hay nada malo en llorar por un momento, pero más vale que te levantes porque si no lo haces, la vida te va a destruir, te va a hacer pedazos, y tú fuiste llamado a ser más grande. Si estudias los capítulos anteriores y posteriores de 1 Samuel 30, vas a entender por qué fue tan importante este momento de crisis cuando David encontró devastada su ciudad y capturada su familia.

En 2 Samuel 2, tres capítulos más delante de esta historia, David es coronado rey. David había sido ungido para ser rey, pero si David no se levantaba de aquella tristeza, de aquella depresión, los trece años que había huído, corrido y luchado, hubieran sido para nada. David estaba tan cerca como una batalla más, de obtener la victoria y que se cumpliera para lo que Dios lo había ungido.

Lo que te hace falta son tres capítulos más para recibir lo que Dios tiene para ti, pero es importante qué va a pasar hoy con tu vida, qué decisión vas a tomar. No digas que has perdido tantas cosas porque si no te has perdido tú, no se ha perdido nada. Lo que has hecho es ganar a través de todo este camino. Cuando se va a levantar un rey, no se puede reinar con un arpa; se tiene que reinar con espada. Tenía que haber un guerrero que saliera a reinar. Todo lo que ha estado pasando en tu vida es porque Dios te ha estado preparando para lo que te ha ungido. Pero si no pasas por el proceso para poder entrar en la posición para la cual has sido ungido, de nada te servirá la unción. ¡Cuántas personas renuncian a unos pocos capítulos antes de que se hubiese podido cumplir el plan de Dios en ellos!

La pregunta es: ¿Qué vas a hacer? ¿Te vas a quedar en ese lugar llorando, lamentándote sobre lo que las personas piensan de ti y creyendo que llegaste a lo último? ¿O se va a levantar en ti el guerrero o la mujer valiente? Decide ahora.

Es un acto de gran responsabilidad levantarte. Si David no se hubiera levantado, no tan solo

> Es un acto de gran responsabilidad levantarte.

se hubiera muerto; lo hubiera perdido todo, hasta los 600 soldados. Llora un momento, sécate las lágrimas, ponte los pantalones,
toma la espada y di: "Los voy a perseguir, ciertamente los voy a
alcanzar por sorpresa, y todo el que salga conmigo viene de regreso
con su esposa, con sus hijos, y recuperando todo lo perdido. Lo voy
a enfrentar, me voy a parar firme delante de todo el mundo. Yo no
maté el oso, ni maté el león, ni maté a Goliat. Si dejé que me aban-
donaran, si he pasado por todos estos problemas, ahora los termino
y salgo de esta crisis en el nombre de Jesús".

Cuando miramos la crisis y la técnica del enemigo, lo que el mundo
quiere hacer es que te pierdas, te desanimes y se rompa tu corazón.
Me da gracia cómo los pecadores acusan a los cristianos. ¿Cómo
personas que no tienen una relación con Dios son capaces de medir
mi relación con Él? Es ilógico.

¿QUÉ TRAE UN PROCESO DE CRISIS QUE TE PUEDE DESTRUIR?

1. **La separación**- En los tiempos de crisis, vemos a David en un
proceso. Primero, vemos la separación. La crisis lo primero que
hace es que te separa. A David lo separan de su familia, de las
personas que lo aman. Los problemas económicos te separan
de tu esposo, de tu esposa. Pueden estar viviendo en la misma
casa, pero cada uno está pensando en dos cosas diferentes. Las
personas que tú amas muchas veces se separan de ti por las
razones que sean. A veces no es porque quieran, sino porque
no pueden quedarse a tu lado, tal vez porque tienen que aceptar trabajos lejos del hogar. El enemigo te separa de la iglesia.
Comienzas a deprimirte, a separarte y a molestarte con las personas de la iglesia.

2. **La sensación de derrota-** Cuando te separas de la personas que te aman, lo próximo que viene es que te sientes derrotado. Es triste que en tus momentos difíciles no haya nadie que te reconforte.

3. **La soledad-** Luego de sentirte derrotado, comienza la soledad. Empiezas a decir: "Estoy solo, me siento solo. Nadie me entiende, nadie me comprende".

4. **El desánimo-** Si no has sabido trabajar con la soledad, entonces llega el desánimo. Llega el desánimo porque si no tienes a los que amas, ¿por quién continúas? Eso es lo que nos hace pensar nuestra sociedad. Si no tengo a alguien que corrresponda a mi amor y que me corresponda a mí, me trate a mí, ¿por qué seguir? Llega el desánimo, llega la tristeza y por eso vemos a tantas personas cometiendo tantos errores. Por eso vemos tantas personas casadas cometiendo adulterio. Por eso vemos tantos divorcios, tanta fornicación, tantas personas en pecado porque viven evitando estar solos. Necesitan esa motivación, esa inspiración de tener a un ser a quien amar y quien le corresponda.

Entonces comienzas a vivir adormecido ante las situaciones. Unos han logrado vencer este ciclo. Otros, ya en esta etapa están en una grande depresión. Hay otros que funcionan en medio de la depresión. Nunca confundas personas que son funcionales y pienses que no tienen depresión. Hay personas que salen a trabajar porque racionalmente piensan, "si no lo hago, esto se

> La marca de una persona de éxito es la capacidad de levantarse por sí solo, de darse ánimo a sí mismo.

pone peor". Pero dentro de ellos hay un grito bien grande que dice: "Me siento solo".

Yo quiero que tú entiendas que la marca de una persona de éxito es la capacidad de levantarse por sí solo, de darse ánimo a sí mismo, de mirarse al espejo y decirse: "Tú eres mejor que esto, y aunque nadie piense que tú vales nada, tú eres mejor que eso". Y aquellos que le servimos a Dios, cuando no hay nadie por quién vivir, hay una persona por la cual tenemos que vivir, respirar y morir: por Él.

Dice la Biblia en Filipenses 1:21 que para nosotros el vivir es Cristo y el morir es ganancia. Si nadie te aplaude, si nadie te quiere, si todo el mundo te abandona, si nadie piensa bien de ti, hay uno por el cual tú deberías vivir porque Él hizo por ti algo que nadie en esta tierra va a hacer. Jesús dio su vida por ti en la cruz del Calvario, se entregó por ti; nada más por Él debes vivir. Huye de la tristeza, sécate las lágrimas y dile: "Señor Jesús, si tú moriste por mí en la cruz del Calvario es porque yo valgo algo. Vivo y me levanto porque alguien dio tanto amor y tiene tanto amor por mí que hizo lo que nadie se atrevería a hacer por mí".

El problema de la Iglesia de hoy es que hemos perdido la compasión. Venimos a la iglesia a entretenernos, y no entendemos por qué y para qué venimos. Hay personas que me preguntan qué es lo más grande que yo hago por otros. Lo más grande que yo hago por las personas, espiritualmente hablando, es darles la Palabra. En otras palabras, eso se traduce en una cosa: darles ánimo, alimentar, enseñar y apacentar a las ovejas.

> *Por tanto, nosotros también, teniendo en derredor nuestro tan grande nube de testigos, despojémonos de todo peso y del pecado que nos asedia, y corramos con*

paciencia la carrera que tenemos por delante, puestos
los ojos en Jesús, el autor y consumador de la fe, el cual
por el gozo puesto delante de él sufrió la cruz, menos-
preciando el oprobio, y se sentó a la diestra del trono de
Dios. Considerad a aquel que sufrió tal contradicción
de pecadores contra sí mismo, para que vuestro ánimo
no se canse hasta desmayar (Hebreos 12:1-3).

Pablo hace una separación entre el peso y el pecado porque aunque el pecado produce peso, hay personas que no están pecando, pero cargan un grande peso. El peso que una persona carga no es solamente de pecado. Hay alguien que puede ser libre de pecado, pero tiene mucha carga sobre sí: culpa, condenación, soledad, tristeza, dolor en el alma, traición. Pablo hace bien la aclaración, diciendo: *"Despójemonos de todo peso".*

Hay personas cuyo ánimo está a punto del desmayo. Pablo nos dice que recordemos a todas las personas que pasaron por eso antes que nosotros (Véase Hebreos 11). Recuerda que Abraham pasó por eso. A Rahab toda la vida la llamaron ramera y como quiera Dios la usó. Recuerda que Abel, aunque le ofrendó excelentemente a Dios, su propio hermano lo asesinó. Recuerda que a Enoc su familia no lo entendía; Moisés sufrió grandes problemas. Recuerda que a Sara le trajeron otra mujer a vivir en su casa, pero Dios usó a Sara, que estaba herida, para traer en ella una nueva simiente, una nueva persona que cambió el rumbo de la historia.

Dios te dice que comiences a recordar esa nube de testigos que cuando te miran, te dicen: "Persíguelo, persíguelo". Las personas a veces quieren oír a los ángeles cantar. Pero yo no necesito oír a un ángel cantar. Yo lo que necesito es a un Abraham, desde allá arriba, que me diga: "Persíguelo que lo puedes hacer, persíguelo que lo puedes alcanzar, persíguelo que lo puedes lograr".

El atleta olímpico Derek Redmond se rompió unos ligamentos 150 metros antes de llegar a la meta, en la carrera de 400 metros durante las Olimpiadas de 1992 en Barcelona, España. Su padre se levantó de las gradas, fue hacia él, lo abrazó y le dijo: "Vamos a terminar juntos esta carrera". Continuó con él hasta el final. Todo el estadio se puso de pie y empezó a aplaudir, no al que obtuvo la medalla de oro, sino a Derek y a su padre. En la vida, al que tenemos que aplaudir no es al que corre más rápido, sino al que termina aunque llegue cojeando. Ese es al que tenemos que celebrar. Ese es al que tenemos que decir en la iglesia: ¡Levántate de donde estás. Tú no estás solo, lo vas a completar, lo vas a cumplir, lo vas a lograr, esa es la gran nube de testigos!

Lo que falta para que algunos se levanten es que haya una multitud que comience a aplaudirlos, alguien que salga de las gradas y le diga: "Si lo vas a hacer, no lo vas a hacer solo; esta carrera la terminamos juntos". Todos hemos sobrevivido a algo que ha hecho que alguien haya caído en su carrera. Dile: "No estás solo en esta crisis. Si tú quieres terminar, yo acabo contigo la carrera".

15

LA INSTRUCCIÓN DE DIOS

Persíguelos, alcánzalos por sorpresa, y recupera lo perdido. Entremos más en la instrucción que Dios le da a David. Es una instrucción bien clara, es una orden de acción: *"Persíguelos"*.

Cuando las personas van a la iglesia a consultar con Dios, esperan entrar en un trance emocional; sentirse en las nubes. Quieren que Dios los calme, sentir una serenidad casi mística. Desean estar en un lugar donde Dios les diga: "Tranquilos, todo va a estar bien". Existe un gran contraste entre lo que muchas personas pretenden que Dios les diga en los momentos difíciles, y lo que Dios realmente les dice. Dios le dice a David: *"Persíguelos"*.

No te quedes en este lugar, no te quedes en la situación presente, no te quedes en el momento que estás viviendo. No te quedes en el problema.

Dios no le dice a David: "Confórmate con lo que tienes". Tampoco le dice versos fuera de contexto como "Jehová dio, Jehová quitó" o

"Pon la otra mejilla". Las personas no saben o no recuerdan que la actitud de retroceder es condenada, y no está bien vista ante los ojos de Dios, tanto en el Antiguo Testamento como en el Nuevo Testamento. Todo lo contrario. Dios le dice a David: "Persíguelos porque los vas a alcanzar".

Sigue adelante, toma acción, continúa. Progresa, prospera, incrementa en tu vida, desea cosas más grandes, aspira. Entiende que lo que tienes hoy en tu presente no es todo lo que vas a tener. Aquella persona que no decide perseguir a sus enemigos, aquella persona que no toma las decisiones que tiene que tomar estará huyendo toda su vida.

> Sigue adelante, toma acción, continúa.

Al hablar de David, nos referimos a un joven que durante trece años estuvo corriendo y huyendo. Yo no sé cuántos se han cansado de vivir a la defensiva. Yo estoy cansado de vivir a la defensiva, viendo qué es lo que la vida va a traer. La defensiva no es lo que gana un juego. Ayuda, pero con defensa no se gana un juego porque alguien tiene que anotar. La defensa está para que el otro no anote, pero si tú no anotas, estás en cero y el juego se queda en un empate.

Dios no te llamó para vivir toda una vida mirando por encima de tu hombro, a ver quién te va a perseguir, quién te va a alcanzar o cuándo va a llegar el problema o la dificultad. Hay un momento cuando el hombre en una familia tiene que asumir la actitud correcta y decir: "Vamos a perseguir esta meta, la vamos a alcanzar, vamos a hacer lo que tengamos que hacer y no vamos a mirar atrás".

El problema es que el evangelio que se nos ha enseñado es un evangelio bien pasivo donde se aceptan todas las cosas que vienen, hay que ser agradecido por todo, y eso contrasta con las instrucciones que Dios les está dando a muchos. En medio de la crisis cuando tú le has orado a Dios, Dios te dice: "Levanta un negocio". Cuando estás pasando por el divorcio de tu vida, Dios te dice: "Ahora es que te voy a prosperar, ahora es que te voy a levantar, ahora es que voy a hacer algo grande contigo". Tú estás mirando y dices: "Lo estoy perdiendo todo, ¿cómo tú me dices eso?". Es lo mismo que Dios le dijo a Jacob cuando estaba en el peor momento de su vida. Se encontraba solo y sin dinero. Los cielos se abrieron sobre él, y lo único que él oyó fue una voz que le decía todo lo que iba a darle (Véase Génesis 28:11-22).

Tenemos que cambiar nuestra manera de pensar. Tú no vas a consultar a Dios simplemente para sentirte bien. Tú no vas a la iglesia simplemente para pasar un buen rato y calmar tu consciencia. Tú vas a la iglesia para que Dios te dé una orden. La orden que Dios te quiere dar es una orden de marchar hacia adelante y no volver hacia atrás. Es la orden que te da la seguridad de que Dios te va a dar la victoria y te va a bendecir verdaderamente.

Lamentablemente, hay personas que siempre han querido ir hacia adelante por las razones incorrectas. Cada vez que uno trata de marchar hacia adelante por las razones incorrectas, aunque uno obtenga ciertas victorias, esas victorias serán momentáneas. Tú nunca debes perseguir algo simplemente por venganza, ni por coraje. Algunos quieren hacer una empresa porque tienen coraje por un jefe que los despidió. Pero el jefe tiene razón; lo

> La orden que Dios te quiere dar es una orden de marchar hacia adelante y no volver hacia atrás.

despidió por vago, por llegar tarde. ¿Cómo vas a ser un buen empresario si no eres capaz de mantener un buen trabajo y hacer las cosas correctas? Si no has sembrado la semilla de someterte a la autoridad, ¿qué cosecha vas a tener de aquellos que van a trabajar bajo tu autoridad?

Hay personas que han sido despedidas de los trabajos siendo buenas empleadas. Esos tienen que reclamarle no al jefe ni a la compañía, sino a Dios porque Él dice que le sirvas a este mundo como si le sirvieras a Él. Dios es el que paga tu cheque y el que te recompensa. Tú le puedes decir: "Señor, me despidieron por injusticia, pero yo he trabajado para ti, y tú me vas a abrir una puerta". Y Dios lo va a hacer. Cuando te sacan de un lugar donde tú has hecho lo correcto es porque Dios tiene algo más grande para ti, y si alguien no te despedía, tú nunca te ibas a ir. Una cosa es que Dios te esté moviendo hacia el frente, y otra es que en un arranque de coraje tú quieras perseguir las cosas.

Nunca persigas algo por avaricia. ¿Qué es avaricia? Avaricia es querer tomar lo que no te corresponde. Avaricia es querer poseer aquellas cosas que Dios no ha puesto en tu mano. Si te metes en cosas a las que no fuiste llamado, eres un avaro. Adulterio es avaricia. Es querer una mujer que no es tuya. No hay tal cosa como que Dios me dijo que esa mujer es para mí mientras ella está casada. Esa es la carne. Tú nunca persigues algo por avaricia.

Tú no persigues algo por miedo. No persigues algo nuevo por huir de otra cosa. No persigues a Dios por huirle al infierno. Eso no funciona porque el día que se te olvide el infierno, dejas a Dios. Tú no persigues ahorrar para tener un fondo de emergencia. Los cristianos no ahorramos para eso. Tú ahorras porque ahorrar es un principio de mayordomía. Tú ahorras porque es sabio ahorrar. La cuenta de banco de tus ahorros no se llama fondo de emergencia, sino "fondo para lo que Dios diga". Emergencias, problemas y dificultades vas a tener siempre,

> El que guarda dinero por miedo empobrece.

pero tú no guardas dinero por miedo. El que guarda dinero por miedo empobrece.

Los cristianos no perseguimos las cosas por ego, por demostrar, por pretender ser algo o por tener una posición o un título. Todo aquel que ha perseguido algo por las razones incorrectas, cuando lo obtiene se da cuenta de que no le sirvió para lo que quería.

Hay personas frustradas y cansadas porque persiguen cosas sin las razones correctas. Tienes que ser honesto contigo mismo. ¿Para qué tú quieres las cosas? Es la única manera en que vas a medir el éxito. ¿Por qué persigues esa relación? ¿Por qué persigues ese negocio, ese llamado o ese ministerio? ¿Por qué persigues esa meta en específico? ¿Qué tú quieres detrás de todo eso, reconocimiento? Sé honesto contigo mismo porque puede ser que el reconocimiento que buscas ya lo tengas. Puede ser que estés buscando lo que ya tienes, y estás invirtiendo tus energías en perseguir cosas que son innecesarias. Así que antes de perseguir algo, tenemos que hacer un análisis muy personal.

Es interesante que la Biblia especifica que los amalecitas escaparon. David fue, los persiguió, los alcanzó y recuperó todo lo perdido, pero los amalecitas escaparon y David no los persiguió. Los amalecitas estaban vivos porque Saúl los dejó vivos. Dios le dio a Saúl la instrucción de que los destruyera a todos, aun a los amalecitas. Pero Saúl peleó con ellos, se quedó con las mejores cosas y los dejó huir. Así que David se enfrentó a unos enemigos que Saúl debió haber matado.

¿Por qué terminó el reinado de Saúl? Porque no conquistó todo lo que Dios le dijo que tenía que conquistar. Eso le creó un problema a David, que tuvo que enfrentarse a los amalecitas. La instrucción de Dios a David fue diferente; no le dijo "persigue y acaba con los amalecitas". Dios le dijo: "Persíguelos, alcánzalos y recupera lo perdido". Cuando David los persiguió, los alcanzó y recuperó lo que era suyo, ya había obtenido el éxito que Dios le había prometido.

Si David salía corriendo a buscar a los amalecitas, estaba tratando de conquistar algo que Dios no le había ordenado conquistar. Hay personas que han perseguido cosas, las han alcanzado, han recibido lo que Dios les prometió, pero están detrás de otras cosas que no fueron las que Dios les prometió. Ahí es donde vemos la insatisfacción, la tristeza y la frustración.

Tú tienes que entender qué fue lo que Dios te dijo que hicieras. ¿Hacia donde vas? Si David hubiera perseguido a aquellos hombres más allá de lo que Dios le había instruido y prometido, es muy probable que hubiera tenido un grave fracaso.

Es bien importante que tengas claro qué es lo que Dios quiere que tú persigas. Quizás sientas desánimo y tristeza porque estés persiguiendo algo que Dios no te dijo que persiguieras. Luego de que tú estás claro hacia donde te diriges no debes caer en el conformismo.

> Tú tienes que entender qué fue lo que Dios te dijo que hicieras.

Todos los hombres y mujeres que Dios usó en el Antiguo Testamento tuvieron que conquistar algo; aceptaron el llamado a perseguir algo. Aquellos que Dios dejó atrás, aquellos que Dios olvidó se quedaron estancados porque perdieron la pasión, fueron conformistas y se quedaron donde estaban.

En el libro de Filipenses 3:13-14 dice:

> *Hermanos, yo mismo no pretendo haberlo ya alcanzado; pero una cosa hago: olvidando ciertamente lo que queda atrás, y extendiéndome a lo que está delante, prosigo a la meta, al premio del supremo llamamiento de Dios en Cristo Jesús.*

Dios siempre te extiende hacia adelante. Hebreos 10:39 dice que nosotros no somos de los que retroceden para perdición. En otras palabras, nosotros somos de los que perseguimos, de los que continuamos y de los que vamos hacia adelante.

A través de los cuatro evangelios, vemos a Cristo decir, en más de una ocasión, que no hay nadie que ponga la mano en el arado y mire hacia atrás, que sea digno del Reino de los cielos (Véase Lucas 9:62). Cristo dijo que una vez pongas las manos en el arado, tienes que seguir hacia delante.

Hubo un hombre a quien Cristo le dijo: "Sígueme". Pocos hombres recibieron esa invitación de Cristo. Ese hombre le dijo: Tengo que enterrar a mis padres. Cristo le respondió: *"Deja que los muertos entierren a los muertos"* (Lucas 9:59-60 parafraseado). En otras palabras le dijo, si tú me quieres seguir, tienes que olvidarte de eso. La expresión parece una falta de respeto, pero aquel joven estaba diciendo: "Yo te voy a seguir el día que mis padres se mueran".

¿Cuántos hijos hoy están esperando que las viejas generaciones terminen para ellos moverse hacia delante? Cristo básicamente le dijo: No tienes parte ni suerte conmigo si no estás dispuesto a mirar hacia adelante y dejar de pensar en el pasado.

Es como la famosa historia de la esposa de Lot (Véase Génesis 19:26), cuando Abraham se metió a Sodoma a sacar a Lot y su familia. ¿Tú te imaginas arriesgar tu vida, luchar por alguien, sacarlo de aquel lugar, y que aquella persona en vez de mirar hacia el frente, se detenga para mirar hacia atrás? La esposa de Lot se convirtió en estatua de sal por mirar hacia atrás. Y es que todo el que mira hacia atrás pierde el tiempo, pierde la vida. ¡Qué triste es uno dar su vida por personas que siempre están mirando hacia atrás! Nos tenemos que mover hacia el futuro, hacia lo que Dios tiene para nuestra vida.

Tiene que haber algo que tú quieras perseguir y visionar. Algún día tienes que entender que lo que tienes hoy es todo lo que tienes, y lo que hagas con lo que tienes hoy es todo lo que vas a tener. Y lo que vas a tener mañana es lo único que vas a tener mañana basado en lo que hagas con lo que tienes hoy.

Piensa en personas a quienes Dios los llamó para que persiguieran algo:

> *Pero a mi siervo Caleb, por cuanto hubo en él otro espíritu, y decidió ir en pos de mí, yo le meteré en la tierra donde entró, y su descendencia la tendrá en posesión* (Números 14: 24).

Esa es la historia del pueblo de Israel cuando se rebeló en contra de Dios por la tierra prometida. Caleb y Josué fueron los únicos dos entre los doce espías que cuando entraron a la tierra prometida dijeron: "Vamos en pos de lo que Dios quiere para nosotros"

(Números 13:30 parafraseado). Cuando Dios fue a hablar con el pueblo de Israel, la Biblia describe que había en él otro espíritu.

Tú debes ser alguien con otro espíritu; que cuando mires a las personas a los ojos, reflejes otro espíritu. Aunque tengas la razón, si no tienes pasión, si no tienes fervor, si no hay dentro de ti otro espíritu es porque tú verdaderamente no estás convencido de lo que Dios va a hacer contigo. Tiene que haber algo en ti, que inspire a otros a seguir hacia adelante, algo que haga pensar a otros:

> Tiene que haber algo en ti, que inspire a otros a seguir hacia adelante.

"Yo puedo confiar en esa persona. Esa persona está esperando cosas grandes". Las personas que Dios escoge tienen otro espíritu. ¿Qué es otro espíritu? Ver la vida a través de los ojos de Dios. Ver la vida diferente a como los fracasados la ven. Cuando otro dice que no se puede, tú dices: "Claro que se puede". ¿Cómo se puede? "Yo no sé, pero se puede y lo vamos a hacer".

Caleb tuvo que esperar cuarenta y cinco años dando vueltas en el desierto porque diez hombres dijeron que no podían entrar a la tierra prometida. Sin embargo, Caleb sabía que Dios había dado la promesa.

Veamos lo que dice en Jueces 1:11-15:

> *De allí fue a los que habitaban en Debir, que antes se llamaba Quiriat-sefer. Y dijo Caleb: El que atacare a Quiriat-sefer y la tomare, yo le daré Acsa mi hija por mujer. Y la tomó Otoniel hijo de Cenaz, hermano menor de Caleb; y él le dio Acsa su hija por mujer. Y cuando ella se iba con él, la persuadió que pidiese a su padre*

un campo. Y ella se bajó del asno, y Caleb le dijo: ¿Qué tienes? Ella entonces le respondió: Concédeme un don; puesto que me has dado tierra del Neguev, dame también fuentes de aguas. Entonces Caleb le dio las fuentes de arriba y las fuentes de abajo.

Cuando Caleb fue a ofrecer a su hija, dijo que la entregaría a aquel que estuviera dispuesto a pelear por él. Entonces se levantó Otoniel, considerado el mejor juez de Israel, y peleó y ganó. Caleb no permitió que su hija se casara con alguien que no tuviera el mismo espíritu que él. Tú no has luchado tanto para que tu hija se case con alguien que no aspira a nada en la vida. Muchacha, si el novio que tienes hay que empujarle un pie para que mueva el otro, sal corriendo. Muchacho, el color de pelo no lo es todo en la vida.

Conéctate con personas que tengan un espíritu diferente. Que digan: Este monte lo vamos a conquistar. Este monte lo vamos a perseguir. Personas que entiendan que no hay excusa para volver atrás, que no hay excusa para poner la mano en el arado y mirar atrás.

Hay personas que Dios tiene que levantar en ellos la pasión de un nuevo espíritu, de un espíritu que dice que si otros no lo pueden hacer, nosotros lo vamos a hacer, nosotros lo vamos a perseguir, lo vamos a continuar y lo vamos a alcanzar. Tiene que haber un espíritu en ti que diga que a pesar de los problemas, de las dificultades, tú te vas a levantar y vas a seguir hacia delante. ¿Qué es lo que levanta el otro espíritu? Personas que digan: "Donde hay recompensa, donde hay algo qué ganar, ahí voy a pelear", tal y como hizo David al enfrentarse a Goliat. Los grandes hombres de Dios son aquellos que van siguiendo las recompensas que Dios les ha prometido por las decisiones que toman.

16

SORPRENDERÁS AL QUE TE SORPRENDIÓ

Tú y yo hemos sido llamados para progresar y prosperar. En medio de tu crisis quizás no vas a recibir consuelo, pero vas a recibir un buen empujón de Dios diciéndote: "Levántate y sigue hacia adelante porque la victoria te pertenece".

> Y David consultó a Jehová, diciendo: ¿Perseguiré a estos merodeadores? ¿Los podré alcanzar? Y él le dijo: Síguelos, porque ciertamente los alcanzarás, y de cierto librarás a los cautivos (1 Samuel 30:8).

> Pursue: for thou shalt surely overtake them, and without fail recover all (1 Samuel 30: 8 KJV).

Hablemos de la segunda palabra de este verso. Primero, Dios le dijo a David: "Persíguelos". Esa es la instrucción, pero Dios nunca te va a permitir que tú hagas algo sin darte recompensa, así que añadió: "porque ciertamente los alcanzarás y recuperarás lo perdido". La recompensa de perseguir a los amalecitas era alcanzarlos y recuperar lo que se había perdido. Tú nunca debes salir a perseguir nada si no tienes clara la recompensa de lo que vas a perseguir, y la seguridad de que Dios te va a dar esa victoria.

La versión de la Biblia en inglés tiene un concepto más claro de lo que expresa este verso: *overtake*. En español "alcanzar", a diferencia de *overtake*, es luchar, desarrollarse, crecer y algun día obtenerlo. Eso no es lo que estamos viendo aquí. *Overtake* es sorprender al enemigo. *Overtake* es llegar a un momento en tu vida donde eres capaz de adelantarte al enemigo, sorprenderlo y adueñarte de lo que te quitó. La expresión en el original refleja la emoción de llegar a un punto en tu vida donde todas las cosas cambien. ¿Por qué es tan importante esa expresión para David? Porque cuando hablamos de ese término, *overtake*, hablamos de cosas que cambian nuestra vida en un instante.

La vida de una persona puede cambiar con una placa donde hay un punto negro en algún órgano. El matrimonio que tú llevas desarrollando por tanto tiempo cambia con que un día te entreguen la demanda de divorcio. Todo cambia. Un día te encuentras con un número telefónico que no debería estar en el teléfono celular de tu pareja. Un día de un abuso, un día de un maltrato, de injusticia, un día que te sorprende es la expresión de *overtake*. Es algo que cambia tu vida dramáticamente en un minuto y te sorprendió.

Eso fue lo que le pasó a David porque David tenía su vida planificada de muchas maneras diferentes. Lo que David encontró no era lo que él esperaba. El pueblo de Israel tenía una peculiaridad y es que las mujeres, cuando sus esposos llegaban de la guerra, hacían una fiesta donde danzaban delante de Dios y celebraban. No todos los pueblos hacían eso, así que David estaba acostumbrado a que cuando llegaba a su ciudad, en su casa lo recibían cantando.

En esta ocasión, cuando David llegó y se acercó a aquel lugar, para su sorpresa no había danza ni alegría. Lo que había era una ciudad quemada y destruida que lo tomó por sorpresa. Esto pasa en los matrimonios constantemente. Cuando el hombre llega a la casa, espera que la mujer esté cantando, bailando, feliz y no esté peleando. Cuando la esposa llega, espera que el marido la reciba contento, alegre con la victoria, con la bendición, pero no es lo que siempre pasa. Lamentablemente, muchos matrimonios está tan llenos de problemas y de dificultades que los hogares se han convertido en lugares para pernoctar. Son dos personas que han salido a la batalla y que lo único que hacen es regresar a dormir en una misma casa para levantarse mañana con las mismas vidas hastiadas, salir, y regresar a un hogar donde hay simplemente destrucción. Eso crea frustración, tristeza, amargura. Para muchas personas eso es costumbre, para David era una sorpresa.

De la misma manera que tu vida ha cambiado para mal, y no has recibido lo que tú esperabas recibir, por causa de la acción que vas a tomar, tu vida va a cambiar en un instante. Cuando un evento cambia tu vida en un instante, y tú tienes la tenacidad de levantarte luego de consultar a Dios, Él te dice: De la misma manera que el enemigo te sorprendió, yo te voy a dar la capacidad para que sorprendas a tu enemigo.

Quizás tú has sido sorprendido por la bancarrota, por problemas en el matrimonio o en tu salud, o por despidos. Pero tus enemigos van a ser sorprendidos porque de un día para otro no van a poder reconocerte, no van a poder saber qué ha pasado en tu vida, y Dios te va a dar la victoria, en el nombre poderoso de Jesús.

Hay algo que quiero que entiendas antes de recibir lo que Dios quiere para ti, y es que ya hay cosas en tu vida que no deberían sorprenderte.

> *No os ha sobrevenido ninguna tentación que no sea humana; pero fiel es Dios, que no os dejará ser tentados más de lo que podéis resistir, sino que dará también juntamente con la tentación la salida, para que podáis soportar* (1 Corintios 10: 13).

Hay personas que piensan que los problemas son sobrenaturales. Todos tus problemas son naturales con soluciones sobrenaturales. Lo que ocurre es que cuando los problemas nos sorprenden, reaccionamos a la inversa. Los vemos como sobrenaturales, pero buscamos respuestas naturales. Tratamos de espiritualizar los problemas, en vez de entender que lo que tenemos que espiritualizar son las soluciones. Si has tenido un problema en el matrimonio, no fue que un demonio se metió. Todo matrimonio está expuesto a problemas, igual que tus hijos y tus finanzas. Tienes que entender que no te ha sobrevenido nada que no sea humano, sino todo lo contrario, que fiel es Dios que no te dejará ser tentado más de lo que puedas resistir. No es que Dios te da la tentación. Lo que esto significa es que cada vez que llega la tentación o el problema, y algo te quiera sorprender, tú debes buscar la salida. Cada vez que llega un problema a tu vida, Dios te da la salida.

> El problema es natural, pero la salida que tienes es sobrenatural.

El problema que tienes es humano, pero la salida te la da Dios. El problema es natural, pero la salida que tienes es sobrenatural. El problema financiero que tienes es natural, pero la salida te la da Dios. Por eso los cristianos, que diezmamos, que ofrendamos, que sembramos la semilla de fe, vemos cómo Dios abre los cielos sobre nuestra vida. Esa es la salida sobrenatural a un problema natural.

El problema es que nos descuidamos y cuando nos descuidamos, las cosas nos sorprenden. Tú tienes que salir de esa sorpresa y abrir tus ojos para ver la salida que Dios ha puesto para tu vida. Lo que te mantiene atado, paralizado y sorprendido es que todavía no puedes ver la salida. No es que no exista, es que no la has buscado. Dios la ha prometido, y Él es fiel.

Dios no deja de ser fiel cuando tenemos problemas. Él es tan fiel que nos garantiza que cuando llegue el problema, Él ya proveyó la solución. No cuestiones la fidelidad de Dios porque estés atravesando un problema. La fidelidad de Dios no es para eximirte de problemas, sino para que sepas que si tienes ese problema, fiel es Dios.

Por eso Dios le dijo a David que cobrara fuerzas y se levantara. ¿Te sorprendió algo? Persíguelo porque Dios te ha dado la salida. Persíguelo porque Dios te ha dado la victoria. No te ha sobrevenido problema alguno que no sea humano. No pienses que Dios te trae los problemas, recuerda que siempre Él te da la salida.

¿Te sobrecogió el problema? Mientras más rápido salgas del estado de sorpresa, más rápido encontrarás la salida espiritual que Dios tiene para ti.

> De la misma manera que el enemigo te sorprendió, tú vas a sorprender al enemigo.

Las personas dicen: "Esto me pasa a mí nada más". Mentira, no te pasa a ti nada más. Mientras estás bajo esa actitud, tu mente se cierra y pierdes la fuerza. Y Dios te dice: De la misma manera que el enemigo te sorprendió, tú vas a sorprender al enemigo. De la misma manera que la quiebra te sorprendió, tú vas a sorprender a los problemas financieros. De la misma manera que el divorcio te sorprendió, tú vas a sorprender a todos aquellos que pensaron que de eso no te ibas a levantar. Y ¿sabes qué? Te levantarás.

Dios no va a esperar 10, 15, 20 o 30 años más. Dios lo quiere hacer ahora. Sal corriendo ahora y levántate. Tú deberías entender que lo que te va a sobrevenir es lo que dice Deuteronomio 28: 1-13:

> *Acontecerá que si oyeres atentamente la voz de Jehová tu Dios, para guardar y poner por obra todos sus mandamientos que yo te prescribo hoy, también Jehová tu Dios te exaltará sobre todas las naciones de la tierra. Y vendrán sobre ti todas estas bendiciones, y te alcanzarán, si oyeres la voz de Jehová tu Dios. Bendito serás tú en la ciudad, y bendito tú en el campo. Bendito el fruto de tu vientre, el fruto de tu tierra, el fruto de tus bestias, la cría de tus vacas y los rebaños de tus ovejas. Benditas serán tu canasta y tu artesa de amasar. Bendito serás en tu entrar, y bendito en tu salir. Jehová derrotará a tus enemigos que se levantaren contra ti; por un camino saldrán contra ti, y por siete caminos huirán de delante de ti. Jehová te enviará su bendición sobre tus graneros, y sobre todo aquello en que pusieres tu mano; y te bendecirá en la tierra que Jehová tu Dios te da. Te confirmará Jehová por pueblo santo suyo, como te lo ha jurado, cuando guardares los mandamientos de Jehová*

tu Dios, y anduvieres en sus caminos. Y verán todos los pueblos de la tierra que el nombre de Jehová es invocado sobre ti, y te temerán. Y te hará Jehová sobreabundar en bienes, en el fruto de tu vientre, en el fruto de tu bestia, y en el fruto de tu tierra, en el país que Jehová juró a tus padres que te había de dar. Te abrirá Jehová su buen tesoro, el cielo, para enviar la lluvia a tu tierra en su tiempo, y para bendecir toda obra de tus manos. Y prestarás a muchas naciones, y tú no pedirás prestado. Te pondrá Jehová por cabeza, y no por cola; y estarás encima solamente, y no estarás debajo, si obedecieres los mandamientos de Jehová tu Dios, que yo te ordeno hoy, para que los guardes y cumplas...

En vez de estar sobrecogido, en vez de estar esperando que te sobrevenga mal, tú debes estar esperando que la bendición te alcance. Dondequiera que estés, dondequiera que te reencuentres, donde sea que tú vayas, tiene que haber algo que ocurra a favor tuyo. Yo sé que has estado esperando mal; el mundo nos ha enseñado a esperar cosas negativas. Pero es todo lo contrario. Aquellos que esperamos en Jehová, aquellos que obedecemos Su voz, tenemos que levantarnos cada mañana entendiendo lo que dice el Salmo 68:19: *"Bendito el Señor; cada día nos colma de beneficios El Dios de nuestra salvación"*.

> Tú debes estar esperando que la bendición te alcance.

La bendición te debe perseguir donde quiera que tú vayas. Dios dice que te va a alcanzar. Las bendiciones te van a alcanzar y eso tú no lo puedes tomar como algo natural. Eso es espiritual. Los problemas son naturales y las bendiciones son espirituales; son sobrenaturales. ¿Has dicho que si las cosas están demasiado bien, algo malo tiene que pasar? No tengas fe para eso. No hace falta fe para que los problemas lleguen. Lo que hace falta es fe para vivir.

Tu fe es para saber que las bendiciones sobrenaturales te van a alcanzar.

17

RECUPÉRATE A TI MISMO

David no tan solo recuperó todo lo que le habían robado, sino se quedó con todo el botín de los amalecitas. Cuando derrotó a los amalecitas, él regresó con lo de él y lo del enemigo. Vas a regresar con mucho más de lo que fuiste a buscar. Hay un botín preparado para tu familia y para tu vida. Hay algo que el enemigo te ha querido robar y te robó, pero Dios dice que lo vas a recuperar.No tan solo vas a recuperar lo perdido, sino que regresarás con una recompensa mayor que lo que fuiste buscando. Prepárate. Ellos fueron a buscar algo, pero el botín, ¿quién se los dio? Jehová.

David luchó contra los amalecitas junto a cuatrocientos de sus soldados. Doscientos se quedaron atrás, agotados por el cansancio de otras batallas. Cuando regresó, quiso compartir el botín con todos los soldados y los cuatrocientos que fueron con él, se opusieron. Él insistió y les dijo que les daría de lo que les dio Jehová.

Las personas que saben dar son aquellas que reconocen que Dios les dio el botín. Tú no fuiste a buscar eso. Eso te lo dio Dios. Saliste buscando algo específicamente, pero regresaste con más. David decidió darles por gracia y bendecir a esos hombres que se cansaron, que no le acompañaron.

Yo prefiero tener en mi equipo de trabajo personas a quienes yo tenga que frenar, que a personas que tenga que empujar. Es más fácil trabajar con personas con espíritu de conquista y con pasión, que tratar de levantar la pasión, la motivación y el ánimo a alguien que lo ha perdido. Si tú has perdido esa pasión, hoy es el día de recuperarlo y de entender que hay posibilidades para tener éxito, triunfar, tener victoria y alcanzar algo en tu vida que tú quieras perseguir.

Yo sé que hay personas que han perdido ese espíritu por los problemas que han pasado, por las dificultades. Quizás después de tantas luchas y batallas te encuentras con la destrucción ante tus ojos. Después de tanto trabajo, llegaste al lugar que pensabas era el correcto, y lo que encuentras es humo; todo parece estar perdido. Yo creo que no hay un sentimiento más difícil de vencer que el sentido de pérdida. Si es bonito obtener un automóvil, una casa y tener éxito, es muy triste y duro perderlos. Es bien interesante que la alegría de obtener algo siempre dura poco tiempo, mientras la triste emoción de perderlo es muy difícil de eliminar. Cuando se trata de una relación, es todavía más difícil.

La emoción de la boda dura un ratito, pero un divorcio trágico puede marcar la vida de una persona para siempre. Por alguna razón u otra, la sensación de pérdida marca el corazón del hombre. El sentido de haber alcanzado algo y haberlo perdido te lleva a pensar que perdiste tu tiempo, que tus fuerzas fueron innecesarias, que no hay razón para continuar. Ese sentimiento de pérdida encierra el corazón, y detiene la fe del hombre.

Por eso el hombre en la sociedad tiene insatisfacción toda su vida porque lo que quiere es satisfacer únicamente la emoción de obtener algo. Tú y yo no vivimos por la emoción de obtener o tener algo. Tú y yo vivimos por fe. Nuestro impulso no está meramente en lo que obtenemos, sino en Aquel que nos impulsa a obtener las cosas.

Tienes que entender que para poder recuperar todo lo externo, todas las cosas naturales que has perdido en tu vida como le pasó a David, tienes primero que recuperar muchas cosas en tu interior. ¿De qué te sirve obtener o recuperar algo afuera, si el corazón adentro está perdido? Yo creo en recuperar el matrimonio, pero a veces veo personas luchando por recuperar un matrimonio bajo ciertas circunstancias y me pregunto: ¿De qué te sirve cuando tu corazón se quedó en la experiencia pasada? ¿De qué te sirve recuperar a ese hombre si tu corazón se quedó en la pérdida? Lo tienes en la casa, lo tienes en el cuarto contigo, pero el corazón está en otro lugar. Tu vida está en otro sitio.

¿De qué te sirve el trabajo que tienes, de qué te sirve tener la empresa que quieres, si en tu corazón lo que hay es un sentido de pérdida? ¿De qué te sirve tener el éxito por el que luchaste tantas veces, si la crisis te ha hecho perder tu interior, te hace vivir una vida de insatisfacción total que no le da sentido a tu vida? Tienes lo que quieres, pero el corazón se perdió. Ahora tienes un matrimonio donde no hay pasión o una empresa donde no hay pasión. Lo obtuviste, pero como primero no recuperaste tu interior, no recuperaste lo que hay dentro de ti. ¿De qué te sirve tener lo que está afuera?

Muchas personas se lanzan a perseguir cosas pensando: si lo persigo, lo alcanzo y lo recupero, se lo quito de las manos al enemigo, volveré a entrar en ese tiempo de satisfacción, en ser un hombre o una mujer completa en mi interior. No es así.

Volvamos a 1 Samuel 30:8 donde la Biblia dice que David se fortaleció en Dios. Tú no puedes recuperar nada si primero no te fortaleces, si no consultas a Dios, si tu interior no está firme para recibirlo. Sí, yo pienso que debes luchar por tu matrimonio. Por supuesto que pienso que debes recuperar a tu esposa o esposo, pero primero recupérate tú, recupérate en tu interior.

¿Debes luchar por esa empresa, por aquello que el enemigo te robó, por el dinero que te robaron? Sí. Tuviste grandes empresas y grandes negocios, y hoy sigues teniendo la misma habilidad, la misma mente, sigues teniendo fuerzas y tienes edad para seguir hacia adelante. Hoy tienes más madurez en tu mente, sabes hacer mejores negocios. Pero el corazón se te quedó nublado con aquel socio que te traicionó, tu corazón se quedó estancado en aquella pérdida que tuviste. Y puedes estar alcanzando y logrando ciertas cosas, pero tienes que recobrarte a ti mismo primero.

Recupérate a ti mismo; lucha por salvarte a ti mismo, lucha por salvar tu corazón primero, lucha por salvar tu mente primero, porque nada de lo que busques o alcances afuera tendrá valor ni sentido si primero no te recuperas a ti mismo. Por eso es que un mensaje de motivación no es suficiente. Eso es parte de nuestra vida y de lo que debemos escu-

> Recupérate a ti mismo, lucha por salvar tu corazón primero.

char, pero nunca podemos perder de vista que el interior del hombre es lo más importante.

No hay nada que tú persigas y busques que pueda llenar el vacío que solo Dios puede llenar. No hay nada que tú persigas afuera que te haga sentir mejor hombre o mejor mujer. Podrás tener el mejor carro, la mejor casa, los mejores amigos, personas que te aplaudan y te quieran, pero no es hasta que te recuperas a ti mismo que puedes disfrutar tus victorias, y recibir lo que Dios tiene para ti.

Te pregunto: ¿Quién tiene tu corazón? ¿Quién te arrebató tu corazón que tú necesitas sorprenderlo? ¿Quién te dijo unas palabras que te metieron en una cueva, y te han hecho encerrarte pensando que nada sirve en tu vida? El gran profeta Elías hizo bajar fuego del cielo, y degolló a cuatrocientos profetas de Baal. Imagínate aquel espectáculo en aquella montaña (Véase 1 Reyes 18:30-40). Él logró que Dios mandara fuego que consumiera todo aquel holocausto. Después de todo lo que hizo, Jezabel le mandó a decir con un mensajero:

> *... Así me hagan los dioses, y aun me añadan, si mañana a estas horas yo no he puesto tu persona como la de uno de ellos* (1 Reyes 19:2).

Elías no lo oyó de la boca de Jezabel, pero no hace falta que tú oigas al mismo diablo. Tu vecino, tu jefe, tu ex esposa pueden hacer un buen trabajo. Lo único que hace falta es que oigas las palabras incorrectas, "Te voy a cortar la cabeza". Dice la Biblia que aquel hombre se sentó debajo de un árbol y le pidió a Dios que le quitara la vida (Véase 1 Reyes 19:4). Aquellas palabras de Jezabel le arrebataron el corazón. Se encerró sumergido en una depresión severa. De momento, se fue la pasión de la victoria. Ahora lo que el hombre deseaba era morirse y entregarlo todo.

Gloria a Dios que cuando el enemigo manda un mensajero, Dios manda a un ángel que te dice: *¡Levántate y come, porque largo camino te resta"* (1 Reyes 19:7).

Yo no sé si tú has recibido malas noticias, si has recibido un mensajero del enemigo que te diga "voy a acabar contigo, ahora sí que se terminó". Pero Dios me inspiró estas palabras para que te recuperes a ti mismo, y recibas una Palabra que te dé fuerzas, inspiración, y puedas alcanzar todo lo que Dios te ha prometido. Se acabó vivir en tristeza por culpa de otro. Se acabó vivir en miedo, en amargura por lo que otro ha dicho. Recupérate a ti mismo. Recóbrate a ti mismo y junto a eso, antes de salir y recuperar lo perdido, haz lo que hizo David:

1. **Recupera tu relación con Dios.** David recuperó su relación con Dios. Él estaba en su problema porque se había desconectado de Dios, consultando a su corazón en vez de consultar a Dios. Antes de recuperar lo perdido afuera, antes de recuperar lo natural, lo primero que tienes que recuperar es tu relación con Dios. Antes de Dios devolverte el matrimonio, la familia, el carro, todas las cosas que el enemigo te ha querido robar, lo primero que te quiere devolver es una relación con Él para que después recuperes todas las cosas. Lo primero que tienes que recuperar es tu relación con Dios.

2. **Recupera tu propósito.** Tú no puedes permitir que una crisis acabe con tu propósito. Recupera tu propósito. Para algo tú has nacido, fuiste ungido como David para ser rey, no un derrotado, no una persona destruida. David fue ungido para la grandeza,

de la misma forma que tú fuiste ungido para un propósito, y tú tienes que recuperar ese propósito.

Si la crisis te ha hecho irte a trabajar en algo contrario a lo que fuiste llamado, dale gracias a Dios porque tienes trabajo, pero dite a ti mismo: "Esta crisis no va a hacer que yo termine en el lugar incorrecto para el cual yo no fui llamado. Quizás tengo que hacer este trabajo por un tiempo porque tengo que sostener a mi familia, y esto es lo que Dios está usando para traer provisión. Gracias, Dios, por mi trabajo de este momento, pero yo sé que este no es mi final. Yo sé que yo no voy a terminar de esta manera". ¡Recupera tu propósito!

3. **Recupera tu visión y tu dirección**. ¿Cuál es la visión que Dios ha puesto dentro de ti? ¿Cuál es la dirección de Dios para tu vida? Recupérate a ti mismo, y dile "hasta hoy" al que te robó el corazón. Solo cuando te recuperes a ti mismo y recuperes tu visión y tu dirección, es que vale el esfuerzo ir a buscar todo lo que el enemigo te robó.

Debes tener claro que tu camino hacia la victoria viene con algunas frustraciones y desilusiones. Te menciono algunas para que estés preparado:

1. Te recuperaste, recuperaste tu relación con Dios, tienes esa visión de propósito, pero la primera desilusión que uno siempre tiene es que hay personas alrededor de uno que no pueden levantarse tan rápido de las desilusiones que ellos han tenido, y no pueden seguir contigo en tu camino.

Te tomó un tiempo levantarte y salir de esa tristeza, y ahora te dices: "Voy hacia adelante". Pero todavía tus familiares y tus amigos están en el pasado. Cuando decides seguir hacia adelante, muchas personas a tu alrededor han perdido las fuerzas. No todas las personas trabajan con las desilusiones de la misma manera. Nunca le permitas a alguien que está cansado de luchar convencerte de que debes detenerte y abandonar el camino. El hecho de que otro no pueda seguir hacia delante no debe romper el deseo ni la pasión que hay dentro de ti para continuar.

Levántate de la desilusión, y aléjate de las personas que hayan decidido quedarse a mitad del camino. Tú no puedes rendirte porque alguien te haya dejado o porque alguien en tu negocio te diga que quiere salirse del negocio. Si fue el negocio que Dios te dio, levántate y decide continuar. ¡Cuántas personas han cancelado sus sueños porque otros no quieren alcanzar nada o piensan que ya llegaron! No permitas que las desilusiones y los ánimos de otros te impidan seguir adelante.

Tienes que decir: Si ya yo me recuperé, ahora es que voy hacia adelante. Si tengo una relación con Dios, ahora es que yo voy a prosperar, ahora es que voy a vivir al máximo, ahora es que me voy a levantar.

2. Vas a tener que pelear una batalla con menos recursos. David peleó las batallas anteriores con seiscientos soldados. Pero esta la ganó con cuatrocientos. Aunque tengas menos recursos en el día de hoy (dinero, personas, fuerzas), no puedes desilusionarte. Lo grande es que Dios le dio la victoria a David con menos hombres, y le dio más de lo que él fue a buscar: lo perdido y el botín.

Cuando uno se recupera a sí mismo y se recupera con Dios, no hay nadie que te desilusione. Diles: ¿Tú no quieres seguir sirviéndole a Cristo? Yo le voy a seguir sirviendo. ¿Tú no quieres prosperar? Yo voy a prosperar. Yo voy a echar hacia adelante en el nombre de Jesús. La desilusión y la frustración de otro no pueden detenerte. Ten la seguridad de que con menos, Dios puede darte más. Con menos, Dios puede hacer contigo más. El Dios al que tú le sirves es experto en hacer más con menos.

Si David hubiera tenido que seguir solo, ¿tú crees que no lo hubiera hecho? Menos personas, menos fuerzas, menos recursos, obtuvieron una victoria más grande. Menos clientes, más victoria. Menos fuerzas, mayores éxitos. Menos personas, mayor provisión.

3. La persona que se recupera a sí mismo junto a Dios, nunca pierde el deseo de dar a causa de una batalla. A muchas personas, las crisis les quita el deseo de dar, pero no a quienes buscaron la guía de Dios en el momento de crisis. David peleó con menos personas y menos recursos, pero al final obtuvo más. Y cuando llegó, repartió de lo que había recibido. Si alguien sabía dar era David, no tan solo a Dios, sino a su pueblo. Todos tenemos experiencias que tratan de matar el dador que hay en nosotros.

Cuando yo empezaba a pastorear la iglesia en Orlando, conocí a un joven que dijo ser pianista, y me contó una triste historia de vida. Saqué del poco dinero que tenía, lo alojé en un apartamento y pagué tres meses adelantados de renta, además de gastos de ropa, alimentos y otros. Compré el piano que él me recomendó, un piano carísimo. Un día entré a la iglesia, y no estaban ni el piano ni el pianista.

Uno tiende a decir "jamás me va a pasar lo mismo". Eso quiere decir que uno no se arriesga más y el que no se arriesga, no gana. Ninguna crisis en la vida debe quitar al dador que hay en ti. Uno tiene que volver a arriesgarse porque no debe haber una situación ni una desilusión tan grande que mate al dador dentro de ti. Cuando Dios te ha bendecido y te ha prosperado es el momento de repartir, de dar y de sembrar.

Vas a tener que volver a arriesgarte. Vas a tener que volver a creer en personas. "Es que no quiero tener más desilusiones". Entonces tampoco vas a tener grandes alegrías ni grandes victorias. Atrévete a volver a empezar, a creer, y a decir: "Voy a perdonar, voy a seguir hacia delante y voy a dar aunque las personas no entiendan, aunque las personas me peleen y aunque los que andan conmigo no comprendan. Aunque las personas a mi alrededor no entiendan por qué yo hago eso con esa otra persona, yo he decidido que nadie ni ninguna crisis van a matar el corazón de dador que hay dentro de mí".

Tenemos que recordar que todos salimos buscando algo, pero Dios nos dio de más. David les dijo a sus hombres: "Denles de lo que Dios nos ha dado". Aquel que no da es porque no reconoce que Dios le ha dado algo. Aquel que no puede reconocer lo que Dios le ha dado es porque perdió su corazón en la crisis.

Recupérate a ti mismo. Recupera tu relación con Dios. Recupera tu propósito. Recupera tu visión y tu dirección. Entonces persigue y recupera todo lo perdido. Vence la desilusión de aquellos que se quedan a la mitad. Si otros se quedan a la mitad, tú vas a continuar.

Tu victoria más grande no viene porque tengas grandes recursos. Tu victoria grande viene porque Dios va contigo. Con menos, Dios te va a dar más. Cuando regreses, regresa repartiendo, regresa dando, regresa sembrando, regresa en victoria, aun con aquellos que te llevaron hasta la mitad. Los que te llevaron a la mitad merecen que tú los bendigas porque por lo menos estuvieron contigo hasta la mitad.

No te dés por vencido. No te resignes a perder lo que te quitaron. Persigue, toma por sorpresa al mundo y a los que te robaron, y arrebata y recupera multiplicado todo lo que perdiste.

OREMOS POR TI

Permíteme hacer las siguientes declaraciones en diferentes áreas de tu vida para que todo lo que has recibido en este libro se siembre en tu interior, te permita tomar las decisiones correctas y veas el fruto deseado:

1. Yo declaro que hoy tú comienzas a tomar decisiones correctas en tu vida que te promueven hacia adelante, y te impulsan a perseguir para que ciertamente alcances y recuperes todo lo que has perdido. En el nombre de Jesús, amén.

2. Yo declaro en el nombre poderoso de Jesús y por el poder de Su Palabra que va a haber algo valioso que tú quieras perseguir. Vas a tener la confianza de que lo vas a alcanzar. Se va a desarrollar en ti una actitud diferente, de confianza y seguridad de que vas a ir a arrebatar aquellas cosas que te pertenecen. Gracias, Padre.

PARA LEVANTARTE DE UNA CRISIS

Tú tienes la capacidad de levantarte y enfrentar lo que tienes que enfrentar, poniéndote en las manos de Dios. Yo creo y declaro que Dios te da la fortaleza, la seguridad y la convicción de que Él va contigo, de que tú vas a salir de esa dificultad sintiéndote firme, seguro y caminando hacia la victoria que Dios te ha prometido.

Declaro que vas a ver a Cristo glorificado en tu vida. Atrévete a pasar por el sacrificio, atrévete a pasar por el esfuerzo, atrévete a creerle a Dios. Él va a levantar fortaleza en tu espíritu y tenacidad dentro de ti. Te vas a levantar. Su Palabra dice que siete veces cae el justo y siete veces Dios lo levanta. Dios va a sacar de ti los mejores negocios, las mejores ideas, la alegría, la mejor sonrisa, los mejores talentos, las mejores cualidades para ser esposo o esposa, y padre o madre. Levántate y vé. Deja que el Espíritu de Dios se mueva sobre ti. ¡Levántate y vé!

POR SANIDAD

Padre, Tu Palabra dice que si dos o más nos ponemos de acuerdo sobre cualquier cosa aquí en la tierra, será hecha por nuestro Padre que está en los cielos. Dios Todopoderoso, yo declaro sanidad divina sobre este lector. Tu Palabra dice que por Tus llagas hemos sido sanados. Cancelo toda enfermedad y todo diagnóstico negativo, y los echo a lo profundo de la mar. Sanidad se manifiesta ahora. Gracias, Padre, en el nombre poderoso de Jesús está hecho, amén.

POR LIBERACIÓN DE CULPA Y PENSAMIENTOS NEGATIVOS

Padre, yo declaro libertad y liberación para este lector. Llevo todo pensamiento negativo cautivo a la obediencia de Cristo, y declaro, por el poder de Tu Palabra, que hay libertad y liberación en su vida. Él o ella podrán dar testimonio de que Tú has hecho una obra poderosa y milagrosa.

Yo declaro que toda culpabilidad, toda condenación del pasado desaparece, en el nombre poderoso de Jesús. Declaro que tus hijos entienden que la adversidad que ha llegado a su vida es por la grandeza que hay dentro de ellos por su propósito y por su llamado. Yo declaro por el poder de tu Palabra que toda culpa y condenación del ayer se va en este momento y ellos son libres.

POR CONFIANZA EN EL FUTURO

1. Padre, yo declaro que todo el que ha leído este libro tiene total confianza en Ti. Que eres Tú quien pones el querer como el hacer en ellos. Que Tú perfeccionas día a día la obra que comenzaste en ellos. Yo declaro que hoy Tú muestras la evidencia de lo que ya Tú has hecho, para traer esperanza de lo que Tú vas a hacer en la vida de tus hijos. Yo declaro que toda duda, tristeza y confusión del futuro desaparece. Gracias, Padre. En el nombre de Jesús, amén.

2. Yo declaro, en el nombre de Jesús que desde hoy, Dios te da el carácter para que tengas una nueva esperanza basada en la evidencia de que tu perseverancia va a rendir frutos. Tú vas a poder caminar con la frente en alto, con la seguridad de que Dios te va a dar la sabiduría ante cualquier problema y va a atravesar contigo cualquier dificultad. Podrás caminar en el foso de los leones como Daniel, seguro de que nada ni nadie va a dañarte. En el nombre de Jesús, amén.

3. Yo declaro, en el nombre poderoso de Jesús, que vas a recuperar todo lo que el enemigo te ha querido robar: tu familia, tus hijos, tus finanzas, tu casa… Tú debes tener la certeza de que Dios te dice: "Persíguelos porque los vas a alcanzar y lo vas a recuperar todo". "*Pursue, overtake and recover*". Persíguelos porque los vas a alcanzar y lo vas a recuperar todo. Recíbelo.

4. Declaro que las bendiciones te van a alcanzar. El mal que te ha sobrevenido es natural. Pero fiel es Dios para que cada vez que llegue el problema también llegará la salida. Y por causa de que Dios es fiel, lo que te ha sorprendido, tú lo vas a sorprender. El problema que ha llegado a tu vida tú lo vas a sorprender y cuando las personas miren a tu alrededor tendrán que gozarse

contigo de la gran victoria que Dios te ha dado. En el nombre de Jesús, amén.

POR LA PERFECTA PAZ

Declaro que todo lo que haya querido perturbar tu mente y tus pensamientos es atado y paralizado por el poder de Su Palabra. Declaro que tu mente se llena de pensamientos claros, limpios, sanos y en orden. Declaro la paz y el poder de Dios sobre tu vida.

Declaro plena confianza en tu interior de que todo va a cambiar en tu vida. Enfócate en nuestro Señor Jesús. Háblale a tu mente y dile: "Confía en Él y Él hará". En el nombre de Jesús, recíbelo.

POR AUTORIDAD SOBRE TU VIDA

1. Yo me pongo de acuerdo contigo y declaro, en el nombre de Jesús y por el poder de Su Palabra, que tú experimentas ese desarrollo en tu mente y en tus emociones, y ese crecimiento en tu interior. Declaro que puedes tomar autoridad sobre tu vida; que tu corazón, tu mente y tu espíritu son capaces de expandirse, de crecer, de desarrollarse y de recibir ese toque de Su mano poderosa. En el nombre poderoso de Jesús, tú vas a ser todo lo que Dios quiere que tú seas. Hay valentía para continuar y para alcanzar todo lo que Dios te ha prometido. Declaro que darás testimonio de que Dios te ha dado una nueva experiencia. Dios te dará la respuesta a la pregunta que tienes.

2. Yo declaro que mientras tu espíritu toma autoridad sobre tus pensamientos, mientras tú atraviesas la adversidad, no perderás la cabeza en medio de la crisis. Dios te va a llevar a un nuevo nivel y a todo lo nuevo que Él tiene preparado para ti y los tuyos. En el nombre de Jesús, amén.

3. Yo declaro que Dios comienza a ordenarte, a darle dirección a tu vida, a dirigir tus pasos. Declaro que siempre te tornarás a Dios y no a tu corazón ni a tus emociones. Declaro que ningún estado emocional de tristeza, miedo, depresión, angustia y dolor pueden hacer morada en ti. Declaro que serás lo que realmente eres, con orgullo, y demostrando pasión en todo lo que hagas dirigido por Dios. En el nombre de Jesús, amén, amén.

POR RESPUESTA A PETICIONES

Padre, en el nombre poderoso de Jesús, declaro que Tú comienzas a responder hoy las peticiones de los corazones de Tus hijos. Padre, por el poder de Tu Palabra, hablo libertad del pasado, del ayer, de lo que ocurrió. Declaro que ellos se mueven hacia el futuro, hacia todo lo que Tú tienes para ellos. Yo declaro vino nuevo del Espíritu, en el nombre poderoso de Jesús.

POR LA PASIÓN DE APRENDER

Padre, en esta hora vengo delante de ti entendiendo que Tú has traído revelación al corazón de este lector, tú has estado ajustando su vida, y él o ella comienzan a tener un corazón y una mente diferentes. Padre, yo declaro que Tú depositas una pasión en su corazón para aprender, para leer y para conocer los adelantos tecnológicos que Tú nos has provisto para este tiempo. Hazle un lector ávido. Levanta en él la pasión por leer, por aprender, por estudiar, por entender. Haz, Señor, que cuando mire al lado pueda decir: "Todo esto lo he hecho por la gracia divina".

Padre, si no ha terminado sus estudios, yo declaro que tú levantas una pasión por completar aquello que comenzó, que pueda entender cuán importante es, que entienda que Tú vas a abrir las puertas y el camino correcto delante de él. Muéstrale que, en el momento que complete sus estudios, tendrá nuevas oportunidades, nueva revelación, nueva bendición, y nuevas puertas se van a abrir sobre su vida.

Padre, si ha tenido un rechazo por la tecnología, yo declaro que Tú abres su mente y su corazón para que pueda entender que tiene que entrar en los nuevos tiempos. Yo declaro que Tú traes el maestro que ha de enseñarle. Derribamos toda resistencia a aprender, ser enseñado, ser educado y crecer. Lo creo hecho en el nombre de Jesús.

POR CLARIDAD DE CORAZÓN

Yo declaro que claridad viene a tu corazón. Declaro que todo espíritu de temor que se ha interpuesto para no querer enfrentar los problemas y para echar la culpa, es cancelado en el nombre de Jesús. Tendrás la confianza para perseguirlos, alcanzarlos y tendrás la actitud necesaria para ir a recuperar todo lo que has perdido. Hoy viene a tu vida una nueva actitud, un tiempo nuevo, un tiempo de victoria, de bendición, de poder, de gloria, de paz.

POR FUERZAS PARA CONTINUAR

1. Yo declaro que vas a tener fuerzas para completar la carrera. Declaro que en medio de tu crisis el Espíritu Santo te recordará, constantemente, que no estás solo. Sientes una mano que te dice: "Estoy contigo y si tú quieres terminar, yo lo termino contigo, a pesar de lo que el mundo diga. No voy a dejar que desfallezcas". Yo declaro que cuando regreses de tu lucha, no tan solo vas a regresar con lo perdido, sino vas a regresar con el botín. Vienes con recompensa en tu mano, con algo más grande, con

más de lo que habías esperado y de lo que habías pensado. Te vas a levantar, lo vas a perseguir, lo vas a alcanzar, en el nombre poderoso de Jesús.

2. Padre, por el poder de Tu Palabra, declaro paz, otro espíritu y tenacidad para que Tus hijos puedan seguir hacia adelante. Yo declaro que hoy se levanta esa nueva pasión en el corazón de ellos y que son renovados con la pasión para continuar, triunfar y alcanzar todo lo que Tú le has prometido. Declaro que en sus ojos el mundo podrá ver que hay un espíritu de conquista, y que nada les va a paralizar o detener. Declaro que ellos experimentarán la victoria que ya Tú le diste, en el nombre de Jesús, amén.

3. Declaro que fortaleza interior, seguridad y confianza vienen a tu interior para seguir hacia adelante. Esta vez vas a salir, esta vez el negocio va a dar resultados y esta vez tu matrimonio no se va a perder. Declaro que todo lo que el enemigo ha intencionado para hacerte daño no prosperará. No vas a tener que parar otra vez en la corte del divorcio. Dios va a hacer que haya fortaleza en tu vida, en tu matrimonio y en tu familia. Declaro que tus hijos no se perderán porque están protegidos debajo de Sus alas. Tu empresa no se va a perder; la victoria viene de camino. Hay cosas que vas a dejar atrás, pero hay cosas que Dios te dice: ¡Persíguelas!

POR NUEVAS MEMORIAS

Declaro que tus recuerdos del pasado nunca más te van a robar de tu presente, de tu descanso, ni de tus sueños. Declaro que cuando tengas crisis, buscarás al oso o el león que has matado y tendrás la seguridad de que esta vez lo vas a perseguir, lo vas a alcanzar y vas a recuperarlo todo, en el nombre de Jesús.

Por un nuevo espíritu de victoria

1. Yo declaro que Dios te va a dar un nuevo espíritu: un espíritu diferente al de tu familia. Si tu familia siempre ha sido fracasada, tú vas a tener éxito. Si tu familia siempre ha estado en pobreza, tú vas a prosperar. Si tu familia ha vivido en depresión, tú no vas a vivir esa vida de depresión, tristeza y amargura. Declaro que el espíritu que está en ti te va a llevar a alcanzar todo lo que Dios te ha prometido. Padre, gracias.

2. Padre eterno, declaro que toda tristeza, amargura y dolor desaparecen. Pido a Dios un nuevo espíritu, pasión y fortaleza; que cuando las personas te miren a los ojos vean esa pasión a pesar de los problemas y dificultades. Declaro que a partir de ahora recibes esa unción que le muestra a todos que tienes algo diferente, una tenacidad y autoridad especial en tu vida. En el nombre de Jesús, amén.

Por protección para la familia

Yo declaro en el nombre poderoso de Jesús que hay un cerco de protección sobre tu familia y tú, que les dará la fortaleza para continuar. Tú vas a salir, vas a conquistar y Dios se va a encargar de proteger a tu familia. Si alguien se mete con ellos, tú los vas a perseguir, los vas a alcanzar y vas a recuperarlo todo.